大脑使用书 / 05

左脑开发训练

○李昕 编

中國華僑出版社
北 京

Preface
前 言

著名科学家霍金曾经说过：有一个聪明的大脑，你就会比别人更接近成功。大脑不仅控制了人的思想，还控制着人的感觉、情绪以及身体的各种反应，最终主宰着人一生的发展。

人类的大脑有着无穷的潜力。遗憾的是，对于大脑的这种巨大潜能，我们并没有充分开发。科学家调查结果表明，到目前为止人类的大脑普遍才开发了5%，即使像爱因斯坦这些科学精英的大脑的开发程度也只达到13%左右。实践证明，合理开发左右脑，适时地进行头脑思维训练，能迅速提升人的心智，使人们具有更强的理解力和创造力，让每个人的潜能得到淋漓尽致的发挥。

为了帮助人们更全面科学地开发自身的大脑潜力，立足于左右脑分工的理论，结合认知能力与认识特点，我们特意编写了《左脑训练开发》一书。本书荟萃了古今中外众多思维训练题，包括算术类、几何类、组合类、推理类、文字类等各种的思维游戏，每一个游戏都让读者在娱乐中带动思维高速运转，强化左脑和右脑的交互运用，从而提高判断力、推理力、分析力、计算力、语言力等多种思维能力。此外，在全书的最后都配有详尽的解析和参考答案，以利于你更好地掌握内容。

书中近300道训练题难易有度，有看似复杂却非常简单的推理问题，有让人迷惑不解的图形难题，有运用算数技巧与常识解决的谜题，以及由词语、数字组成的字谜等。无论大人、孩子，或是学生、上班族、管理者，甚至高智商的天才们，都能在此找到适合自己的题目。在解决问题的过程中，你需要大胆地设想、判断和推测，需要尽量发挥想象力，突破固有的思维模式，充分运用创造性思维，多角度、多层次地审视问题，将所有线索纳入你的思考。这些精彩纷呈的训练题将让你在享受乐趣的同时，彻底带动你的思维高速运转起来，充分发掘大脑潜力，让你越玩越聪明，越玩越优秀。

无论你是9岁，还是99岁，对于任何一个想变聪明的人来说，本书都是不二的选择。你可以利用点滴时间来进行阅读和练习，既可用它作为专门训练，也可用它当作业余消闲。相信阅读完本书，你的思维将会更缜密，观察更敏锐，想象更丰富，心思更细腻，做事更理性，心情更愉快。

Contents

目录

第一章 语言力

第二章 计算力

第三章 判断力

第四章 推理力

第五章 分析力

答　案

第一章

语言力

001 拼汉字

想象一下，5 根横排的火柴和 3 根竖排的火柴能拼几个汉字？

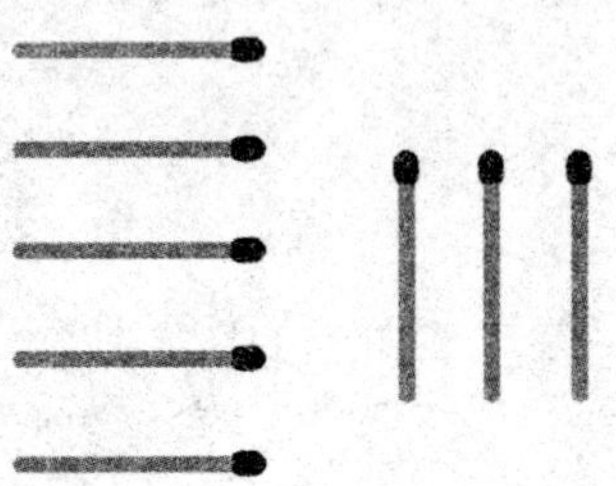

002 诗词填数

准确地填出下面诗词选句中的第一个字，你会发现它们是一组很有趣的数词。

1.________年好景君须记（苏轼）

2.________月巴陵日日风（陈与义）

3.________月残花落更开（王令）

4.________月清和雨乍晴（司马光）

5.________月榴花照眼明（朱熹）

6.________月天兵征腐恶（毛泽东）

7.________百里驱十五日（毛泽东）

8.________千里路云和月（岳飞）

9.________雏鸣凤乱啾啾（李颀）

10.________万里风鹏正举（李清照）

11.________亩庭中半是苔（刘禹锡）

12.________里莺啼绿映红（杜牧）

13.________紫千红总是春（朱熹）

003 纵横交错

横向

1. 国际足联的一个奖项，2004 年被小罗纳尔多夺得。2. 我国一个大型电信运营商。3. 清末农民起义军建立的政权。4. 比喻事情极容易做。5.《碧血剑》中的一个人物。6. 形容极多。7. 教学上对物理、化学、数学、生物等学科的总称。8. 法国作家福楼拜的代表作。9. 由政府执行或托管的保险计划，用来向失业者、老人或残疾人提供经济援助。10. 我国一个著名的软件公司。11. 由社会承办的赡养老人的机构。12. 用于称他人的女儿，有尊贵之意。

纵向

一、“WTO”的中文意思。二、严格执行法律，一点不动摇。三、在其中引发并控制裂变材料链式反应的装置。四、对观看球赛有狂热爱好的人。五、古时对男子的尊称。六、皮皮的一篇以婚恋为题材的长篇小说。七、一个生物群落及其系统之中，各种对立因素相互制约而达到相对稳定。八、我国哲学、社会科学研究的最高学术机构和综合研究中心。九、联合国的永久性保护和平机构。十、雅典奥运会女子万米冠军。十一、投资者协助具有专门科技知识而缺乏资金的人创业，并承担失败风险的资金。

004 三国演义

有个秀才正翻看《三国演义》时，厨师进来对他说："老爷，不瞒你说，《三国演义》是我天天必读之书。就拿今天来说吧，我炒菜缺了四样作料，全在这书里面，所以我来看看！"秀才听了半信半疑，他只知道《三国演义》里写的是曹操、刘备和孙权，还没听说过写有做菜用的作料呢。厨师说："有，老爷你听着——刘备求计问孔明，徐庶无事进曹营，赵云难勒白龙马，孙权上阵乱点兵。"秀才想了想便猜了出来。那么，你能猜出厨师缺哪4样作料吗？

005 疑惑的小书童

明朝有一个著名的文学家，叫冯梦龙。有一年夏天，冯梦龙起床后，发现后院的桃花盛开了，正在这时，有一位姓李的朋友来拜会。冯梦龙便开玩笑说："桃李杏春风一家，既然您来了，我们就到后院去，一面喝酒，一面赏着您本家吧！"他们来到后院，冯梦龙忽然想起忘了一样东西，就对书童说："你快去拿一件东西，送到后院来！"书童问："是什么东西呢？"冯梦龙随口就造了一个谜："有面无口，有脚无手，又好吃肉，又好吃酒。"书童愣在那儿，猜不出应该去拿什么。你能帮帮这个书童吗？

006 成语十字格

请在下图的空格里填上适当的字，使其横竖读起来都是成语。

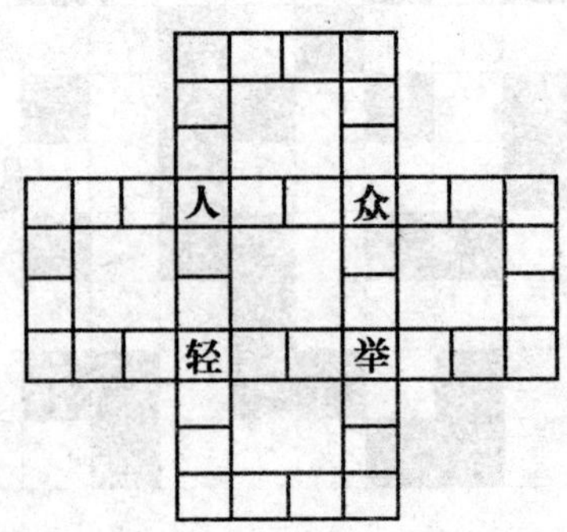

007 一台彩电

桌子上放着一台彩电。A说：“以这台彩电为道具，谁能连做两个简单的动作，打两个成语？”大家都在静静地思索。忽然，B走上前来，将彩电开关打开，屏幕上出现了画面，有了声音。没过几秒钟，B又把电视开关关了。B的这两个动作并没有引起人们的注意。谁料，A竟说B猜中了谜底。你知道这是哪两个成语吗？

008 一笔变新字

汉字结构有趣又奇怪，一笔之差就有不同含义。你能将下面图形中的字填上一笔变成另一个字吗？

009 几家欢喜几家愁

项羽和刘邦当年争夺天下的时候水火不容，三国时期的刘备和关羽是结义兄弟，如果刘邦听了大笑，刘备听了大哭，这是为什么？请用一个字来回答。

010 成语接龙

下面的成语，前一个成语的最后一个字，是它后面那个成语的第一个字，这在修辞上叫“顶真”。请在它们之间的空白处填上一个字，使每组成语连接起来。

今是昨（ ）同小（ ）望不可（ ）以其人之道，还治其人之（ ）体力（ ）若无（ ）在人（ ）所欲（ ）富不（ ）至义（ ）心竭（ ）不胜（ ）重道（ ）走高（ ）沙走（ ）破天（ ）天动（ ）利人（ ）睦相（ ）心积虑

醉生梦（ ）去活（ ）去自（ ）花似（ ）树临（ ）调雨（ ）手牵（ ）肠小（ ）听途（ ）长道（ ）兵相（ ）二连（ ）言两（ ）重心（ ）驱直（ ）不敷（ ）其不（ ）气风（ ）扬光（ ）材小（ ）兵如（ ）采飞（ ）眉吐（ ）象万（ ）军万（ ）到成（ ）败垂（ ）千上（ ）古长（ ）红皂（ ）日作（ ）寐以（ ）同存（ ）想天（ ）天辟地

011 象棋成语

下图是一个象棋棋盘，请你在每格空白棋子上填入一个适当的字，使横竖相邻的4个棋子能够组成一个成语。

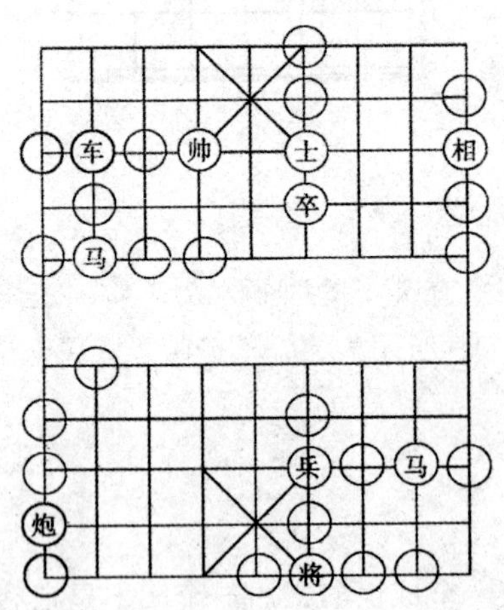

012 组合猜字

如图数字方格，每个数字都代表一个文字，两格相加，又可以合成一个字，你能依照下面的暗示猜出此文字来吗？

① 1加2等于日落的意思。

② 2加3等于日出的意思。

③ 3加4等于欺侮的意思。

④ 4加5等于瞄准出击的意思。

⑤ 2加6等于光亮的意思。

⑥ 6加7等于丰满的意思。

013 串门

一天，王秀才到朋友家去串门。一进门，他双拳一抱，随即念了一首字谜诗："寺字门前一头牛，二人抬个哑木头，未曾进门先开口，闺宫女子紧盖头。"朋友稍一思忖，就领会了其中的意思，便也以诗相答："言对青山不是青，二人土上在谈心，三人骑头无角牛，草木丛中站一人。"王秀才一听，朋友所说的与自己说的完全吻合。双方哈哈大笑起来。请你猜一猜，这两首字谜诗的谜底是什么？

014 乌龟信

一位目不识丁的农妇惦记在外做工的丈夫，于是托人捎去一封信。她的丈夫拆开一看，一页全都画着排列整齐的乌龟，最后却是一只竖着的大乌龟。丈夫立刻明白了，收拾起铺盖卷儿，回家去了。

你能从信中看出它的意思来吗？

015 长联句读

请你给下面一副长联加上标点：

五百里滇池奔来眼底披襟岸帻喜茫茫空阔无边看东骧神骏西翥灵仪北走蜿蜒南翔缟素高人韵士何妨选胜登临趁蟹屿螺洲梳裹就风鬟雾鬓更苹天苇地点缀些翠羽丹霞莫辜负四围香稻万顷晴沙九夏芙蓉三春杨柳

数千年往事注到心头把酒凌虚叹滚滚英雄谁在想汉习楼船唐标铁柱宋挥玉斧元跨革囊伟烈丰功费尽移山心力尽珠帘画栋卷不及暮雨朝云便断碣残碑都付于苍烟落照只赢得几许疏钟半江渔火两行秋雁一枕清霜

016 成语与算式

下图两盏数字灯，用适当的数字巧填空。使它直行为成语，横行为数学等式。

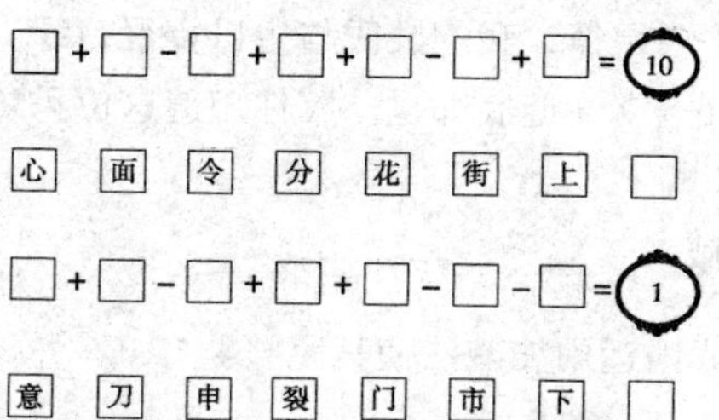

017 一封怪信

某人被公派驻外地，半年后他突然接到农村不识字的妻子寄来的一封信。打开一看，上面并没有字，只有一连串象形文字似的图画。丈夫接到此信，知道妻子一定有事要告诉他，但又不解其意，急得像热锅上的蚂蚁一样。最后他只得把信带在身上，一有空就仔细研究，终于找到了答案。比如，A 表示他（圈）和他的已怀孕的妻子（同心圆圈），那么下面的 5 个图又表示什么呢？

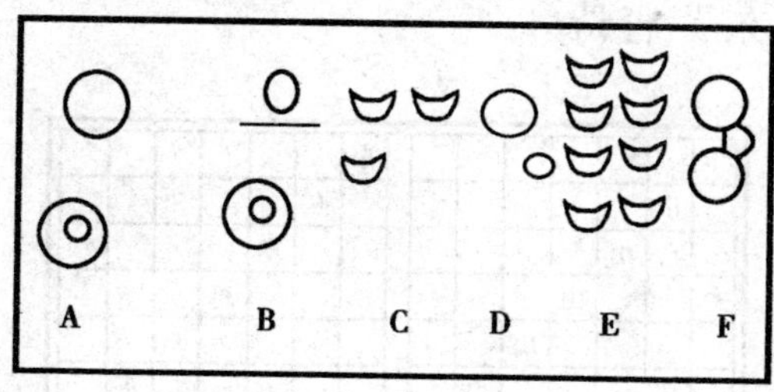

018 秀才贵姓

从前，一大户人家的老太太过六十大寿，八方宾朋济济一堂。一位秀才进京赶考，路过这里，想求一口饭吃。老太太热情地款待了他。席间，老太太问秀才：“贵人尊姓大名？”秀才回答：“今天不是老太太的生日宴吗？巧得很，我的姓氏与生日宴很有缘。如果把生日宴三个字作为谜面，打一字，谜底即是。”你知道这位秀才姓什么吗？

019 成语加减

将下面的成语运用加减法使其完整。

1. 成语加法

（　　）龙戏珠 +（　　）鸣惊人 =（　　）令五申

（　　）敲碎打 +（　　）来二去 =（　　）事无成

（　　）生有幸 +（　　）呼百应 =（　　）海升平

（　　）步之才 +（　　）举成名 =（　　）面威风

2. 成语减法

（　　）全十美 -（　　）发千钧 =（　　）霄云外

（　　）方呼应 -（　　）网打尽 =（　　）零八落

（　　）亲不认 -（　　）无所知 =（　　）花八门

（　　）管齐下 -（　　）孔之见 =（　　）落千丈

020 “山东”唐诗

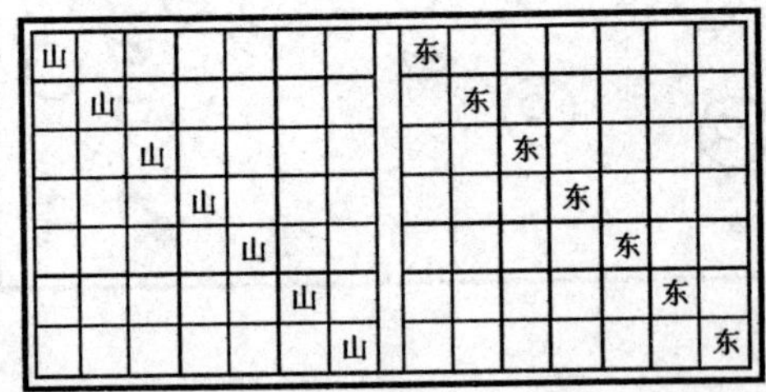

021 诗词影片名

有些电影片名是从古诗词中择取的。请你为下面诗词填出电影片名。

(1) 何当共剪西窗烛，却话　　　　时。

——李商隐《夜雨寄北》

(2) 山重水复疑无路，　　　　又一村。

——陆游《游山西村》

(3) 无可奈何花落去，似曾相识　　　。

——晏殊《浣溪沙》

(4) 三十功名尘与土，　　　　。

——岳飞《满江红》

(5) 问君能有几多愁？恰似　　　　。

——李煜《虞美人》

(6)　　　其修远兮，吾将上下而求索。

——屈原《离骚》

(7)　　　　，处处闻啼鸟。

——孟浩然《春晓》

(8) 当时明月在，曾照　　　　。

——晏几道《临江仙》

(9)　　　路，孤舟几月程。

——贾岛《送耿处士》

(10) 岂有豪情似旧时，　　　两由之。

——鲁迅《悼杨铨》

022 断肠谜

相传朱淑贞曾以断肠之情巧制《断肠谜》一则，字里行间充满着一片怨恨决绝之情，此谜制得确是巧妙：“下楼来金钱卜落，问苍天人在何方；恨王孙一直去了，詈冤家言去难留；悔当初吾错失口，有上交无下交；皂白何须问，分开不用刀；从今莫把仇人靠，千里相思一撇消。”

谜面由 10 个句子组合，每句各打一字，你知道是什么吗？

023 趣味课程表

下图是张课程表，请在空格填上字，使其成为成语，但不能重复。

1				生	物			
2				化	学			
3				美				术
4				外	语			
5				科	学			
6				哲	学			
7				数	学			
8				物	理			
9				心	理			
10				天	文			
11				音	乐			
12				地	理			
13				生	物			
14				农		科		
15				政	治			
16				体			育	
17				经	济			
18				法			律	
19				语	文			
20	历				史			

024 屏开雀选

在图中的空白圆圈内填入一个适当的汉字，使其与左右的字都能组成一个新的字。

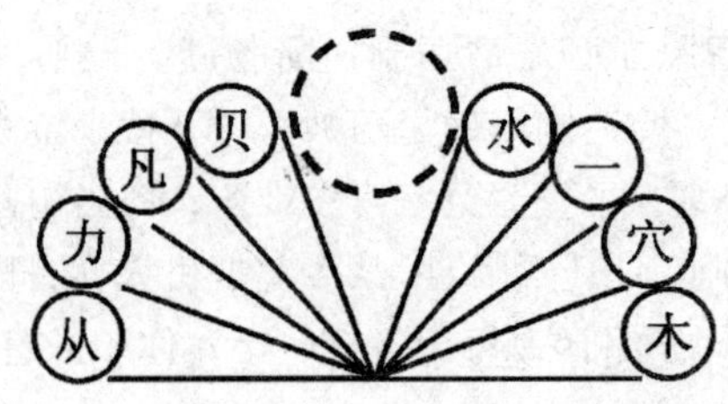

025 环形情诗

电视剧《鹊桥仙》中，苏小妹给新郎秦少游出了3道考题，全部答出方能入洞房。其中有一道题要求将环形的14个字断分成4句七言诗，每句首尾几个字可重叠。你能把苏小妹的诗准确地读出来吗？

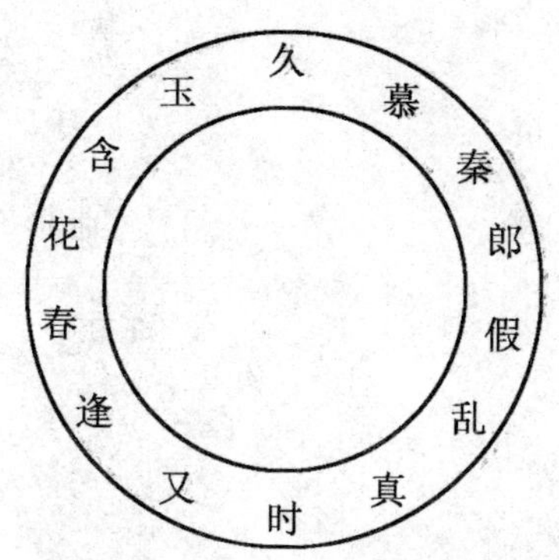

026 组字透诗意

下面有禾、青、九、十等4个字，请你在中间的空白格内填上一个字，使它分别与这4个字拼成另外4个字，而且使拼成的字又符合下边诗句的寓意。

禾稳扬花菊开月，青天无云不飞雪。

九九艳阳东升起，十足干劲迎晨曦。

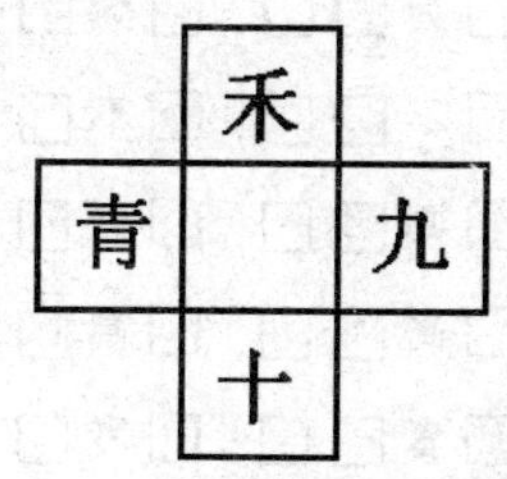

027 几读连环诗

下面是一首连环诗，请你发挥你的想象力，说说能读出几种读法来吗？

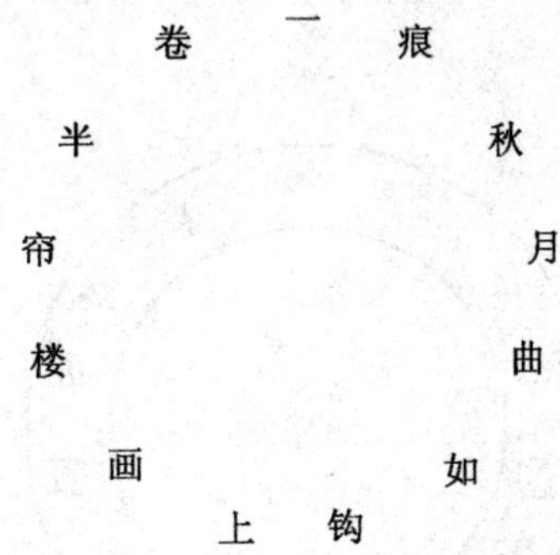

028 孪生成语

把下图中的方框填满，组成像双胞胎一样的成语。

□波□□，□波□□
□夫□□，□夫□□
□年□□，□年□□
□可□□，□可□□
□事□□，□事□□
□为□□，□为□□
□不□□，□不□□
□则□□，□则□□
□高□□，□高□□
□者□□，□者□□

029 文静的姑娘

一位精明的老板为了招揽生意，将一件一寸高的玉雕仕女摆在陈列台上，旁边附有说明：“本店愿以谜会友。用这一寸人作谜面，打一字，猜中者，此玉雕仕女便是赠品。”这一招真灵，店内天天顾客盈门。只是一连几天没有谁能猜中。这一天，老板正拿着“一寸人”向顾客夸耀时，一位文静的姑娘从老板手中抢过玉雕，转身便走。保安人员正要前去阻拦，老板说话了：“她猜中了。”

你知道这个谜底是个什么字吗？

030 水果汉字

以下 5 个盘子中，放着香蕉、梨和苹果。这 3 种水果分别代表一个汉字。请问代表什么汉字时，每个盘子中的水果都能组成一个新字？

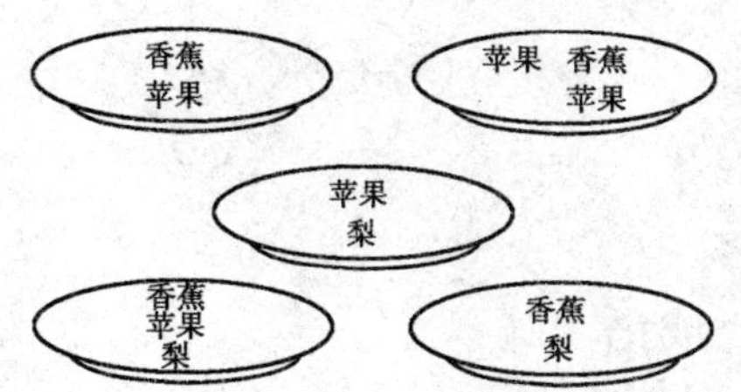

031 字画藏唐诗

下面每一幅图片都是由一句唐诗组成的，分别写出来。

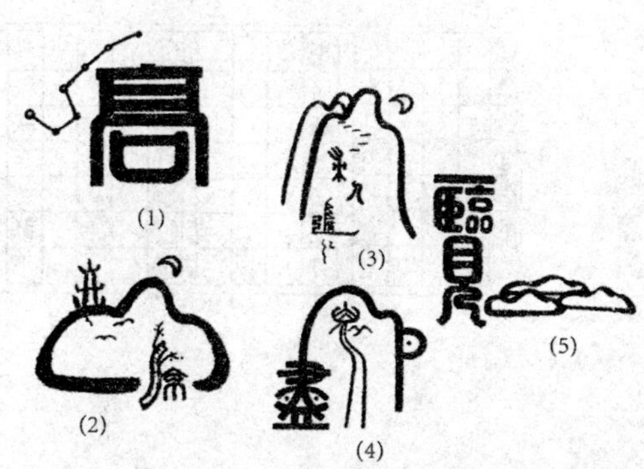
(1) (2) (3) (4) (5)

032 数字藏成语

3.5；2+3；333和555；9寸+1寸=1尺；1256789；12345609。上述数字或数式均暗示了一个成语，你知道是什么吗？

033 心连心

请在圈中填上适当的字，使它们组成相关的6条成语（3个圈内已有3个“心”字，要求“心”字在成语中的位置：第一个到第四个至少有一个）。

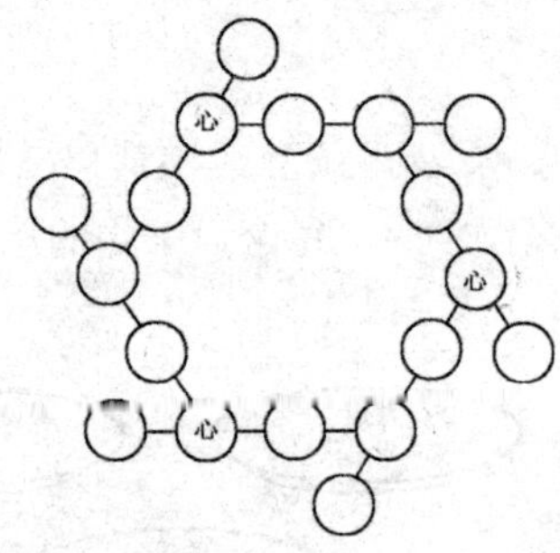

034 人名变成语

下列表格中有14个人名，要求在人名前后的空格里填上适当的字，使之成为成语。

①				关	羽				⑧				马	忠			
②				张	飞				⑨				张	松			
③				马	超				⑩				乐	进			
④				黄	忠				⑪				李	通			
⑤				赵	云				⑫				黄	盖			
⑥				孔	明				⑬				孙	权			
⑦				马	良				⑭				丁	奉			

035 “5”字中的成语

请你把不、开、百、以、花、为、然、争、齐、道、岸、家、锣、放、貌、鸣 16 个字，填在下面的“5”字形格子里，使横竖读起来都是成语。

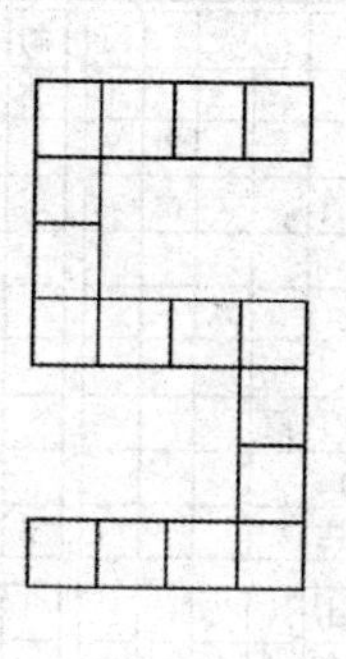

036 回文成语

在图中填上适当的字，使每则回文组成 8 条成语，要求前句中的最后一字是下句中的第一个字。

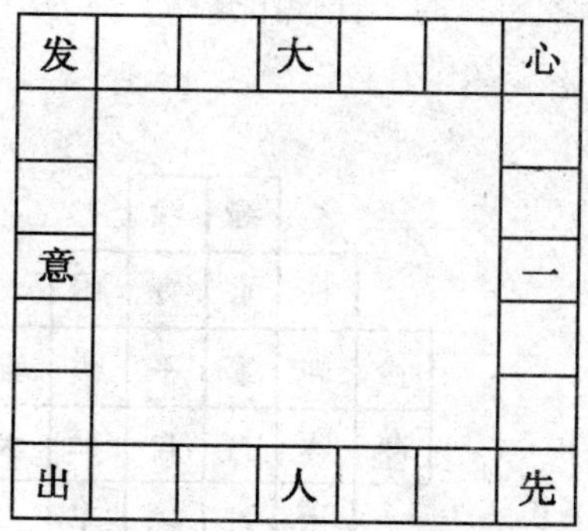

037 省市组唐诗

图中包含有4市16省的名称，将空格填充完整，使之成为通顺的唐诗，并将唐诗作者之名答出。

				河	湖				
				北	北				
			河			湖			
			南			南			
		广					浙		
		东					江		
	江							台	
	西							湾	
山									南
西									京
山									北
东									京
	云							天	
	南							津	
		辽					四		
		宁					川		
			新			上			
			疆			海			
				贵	江				
				州	苏				

038 剪读唐诗

将图形中唐朝贯休的《春野作五首》剪为4块形状、面积相同的部分，拼组成诗，该怎么做？

		绿	浅		
	挟	谁	青	闲	
少	弹	家	平	步	流
年	啄	打	自	征	水
	木	红	逐	车	
		衣	拟		

039 钟表成语

图中每个钟面上指针所指示的时间都能构成一个成语。请你猜一猜，这是3个什么成语？

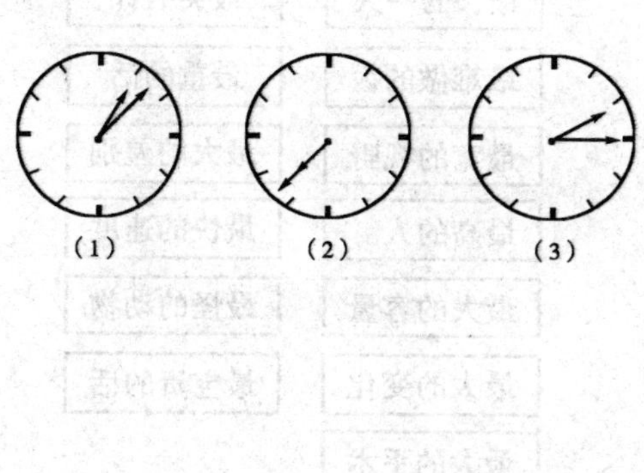

040 迷宫成语

下图是一座成语迷宫，其中有10条成语首尾相接。请从成语的首字开始，用一条不重复的线把它们串起来。

天	经	天	冲	飞	一	鸣	惊
人	地	义	走	沙	鬼	神	人
不	义	达	石	破	天	共	灾
容	辞	不	道	乐	惊	怒	苦
久	治	长	安	贫	天	心	良
安	国	天	久	地	动	用	天
居	乐	手	勤	工	以	致	涯
事	业	精	于	俭	学	海	无

041 成语之最

根据图片中的文字提示，快速写出这一系列的“最”相对应的成语。

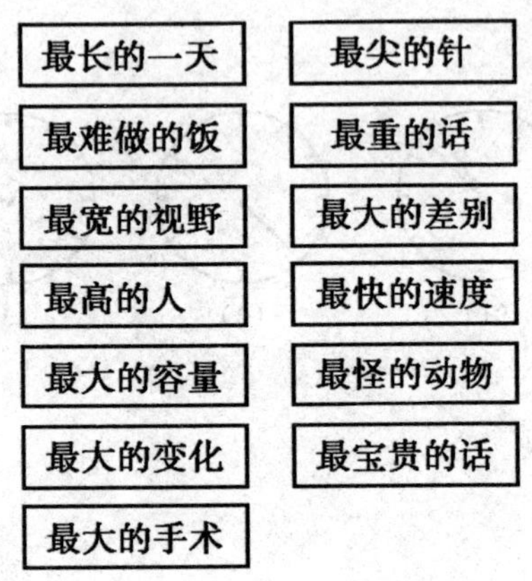

042 巧拼省名

用23根火柴摆成下面的图案。请你移动其中的4根，将其变成两个汉字，并使它们连起来是中国的一个省名。动动脑筋，怎样移才能成功呢？

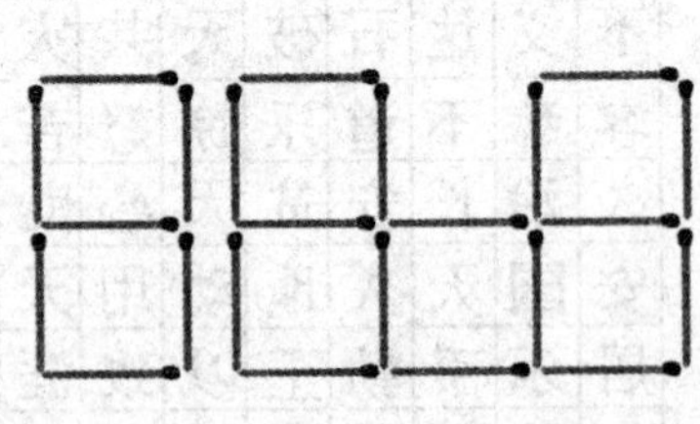

043 藏头成语

在下面的空格里填上适当的字，使每一竖行组成一个四字成语。填上的字就是谜面，请你猜一地名。

经	衣	碑	落	衣	积	月	感	言	源
地	无	立	归	使	月	如	交	巧	节
义	缝	传	根	者	累	梭	集	语	流

044 棋盘成语

看棋盘，猜两条成语。

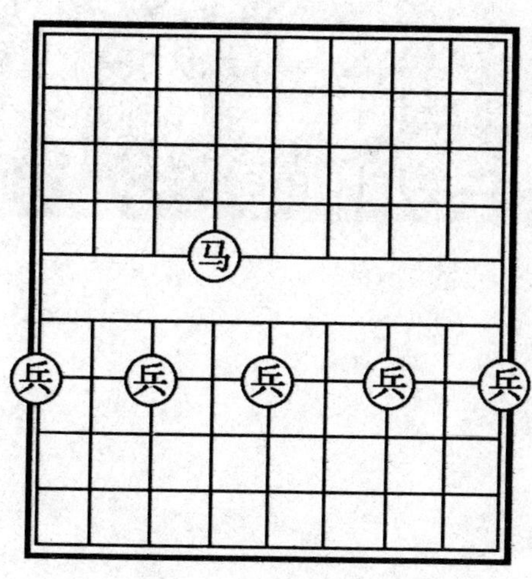

045 单词演变（1）

你能把“camp”这个词最终变成“fire”吗？根据提示每次改动一个字母。如果卡住，可以从底下开始往上做。

046 单词演变（2）

你能把“toad”这个词最终变成“newt”吗？根据提示每次改动一个字母。如果卡住，可以从底下开始往上做。

047 夏威夷之旅

在这个网格中你将找到横向、纵向和斜向的20个单词，它们都跟夏威夷有关。你把它们全部找出来以后，从左到右，从上到下阅读剩下的字母，你会发现一个很酷的事实。祝你好运！

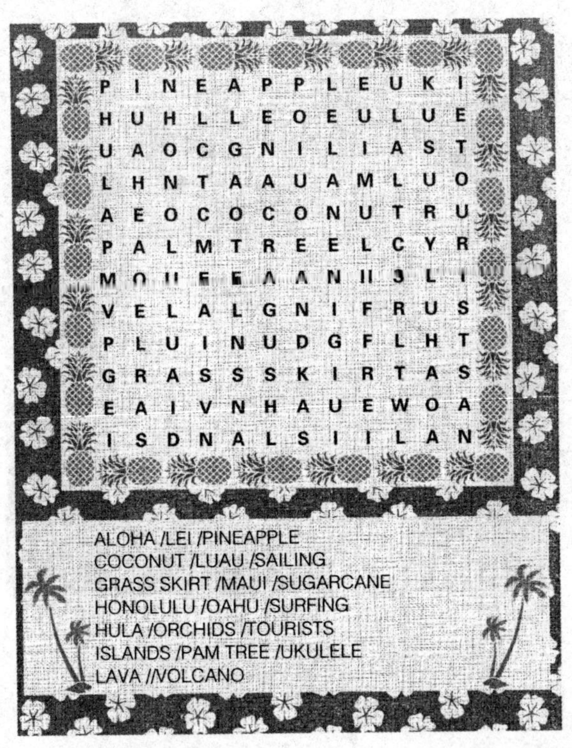

048 捉苍蝇

哪里来的嗡嗡声？在这道题目中，字母组合 F-L-Y 在列出来的单词中出现了 18 次，它们总是用一只苍蝇的图案代替。比如，“flypaper”这个词在纵横格中的表示形式就是“ PAPER”。这些单词按照左右、上下或者斜向的顺序隐藏在纵横格中。你把它们全部找出来以后，从左到右、从上到下阅读剩下的字母，你会得到一条额外的信息。

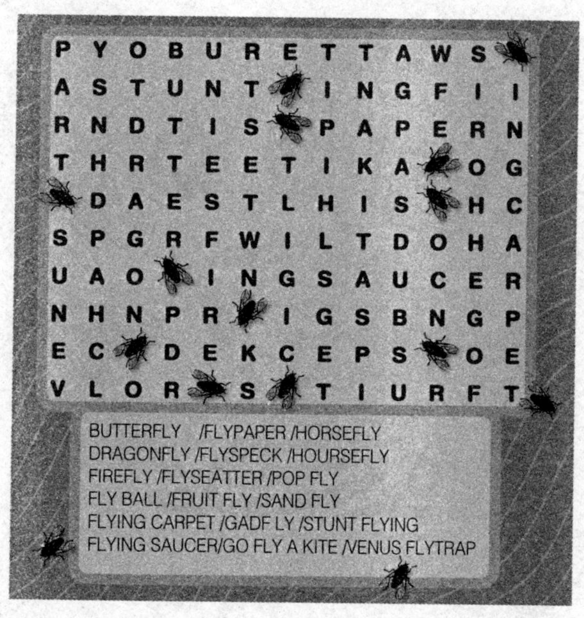

049 奇怪的球

你得有准备才能完成这道题目，因为图中的每一个物体都代表一个以“ball”结尾的单词或者短语。比如，一罐漆代表单词PAINTBALL。你能找出多少呢?

050 填空

这个纵横字谜里的每个提示分别是左边图里的英文名称。把这些名称按照相对应的字母填入纵横格中。完成以后，从左边到右、从上到下地阅读用黄色突出显示的字母，可以拼出一个额外的短语。

051 哈哈大笑

这里列出来的34个单词可以放入上面的纵横格里。所有单词里都有HA，这些HA都已经填入纵横格了，但是其他字母都没填上。根据这些单词的长度，以及它们相互交叉的位置，你能把它们全部放入正确的位置吗？

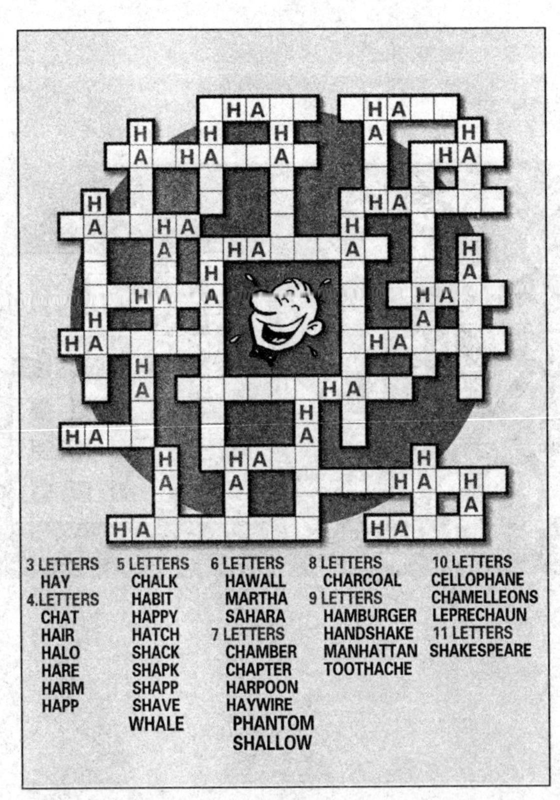

052 跟ABC一样简单

这些场景全部能用分别以ABC开头的三个单词所组成的一个短语来描述，比如，Aardvarks Burning Candles（食蚁兽点蜡烛）。你能把这6幅场景都描述出来吗？

053 头脑风暴

请把单词填到空格当中，每空一个字母。第一个单词是RAIN（雨），其余的单词排在它后面绕成蜗牛壳的形状。每个单词开始的位置和左侧提示前的数字一致。不过，后一个单词可能会和前一个单词之间有交集。比如说，第二个单词从2号方格开始，它的前三个字母就是AIN。根据前一个单词，你可以猜出后一个单词。

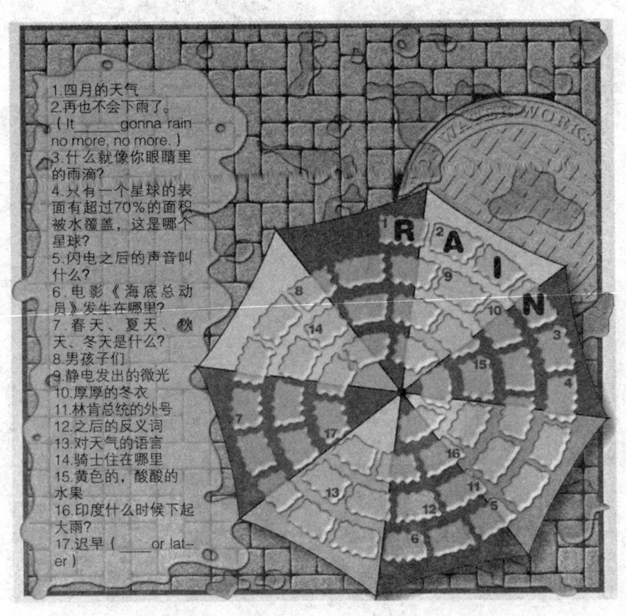

054 澳大利亚趣闻

你好啊，欢迎来到澳大利亚！图中隐藏着22个和澳大利亚有关的单词（已经在下面的方框中列出）。请你从上、下、左、右或沿着对角线的方向分别把它们找出来。完成任务之后，再把剩下的字母从左到右、从上到下拼起来，你会发现一件有趣的事情！

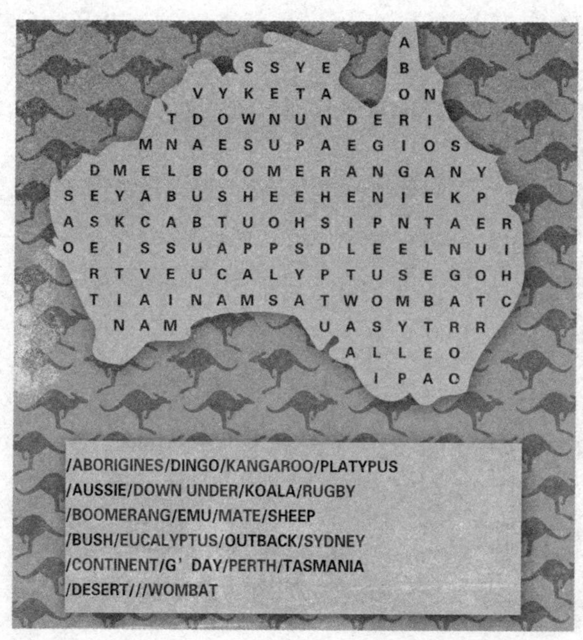

055 单词配对

仔细观察下面的图片。在字母堆里面藏着12对单词。每对单词只有首字母不同。比如说，_ONKEY和_ONKEY就藏在其中，分别是DONKEY和MONKEY（注意其中没有表示人名的单词）。请你沿着上、下、左、右和对角线的方向分别把它们找出来。完成任务之后，再把剩下的字母从左到右、从上到下拼起来，你会发现一件有趣的事情！

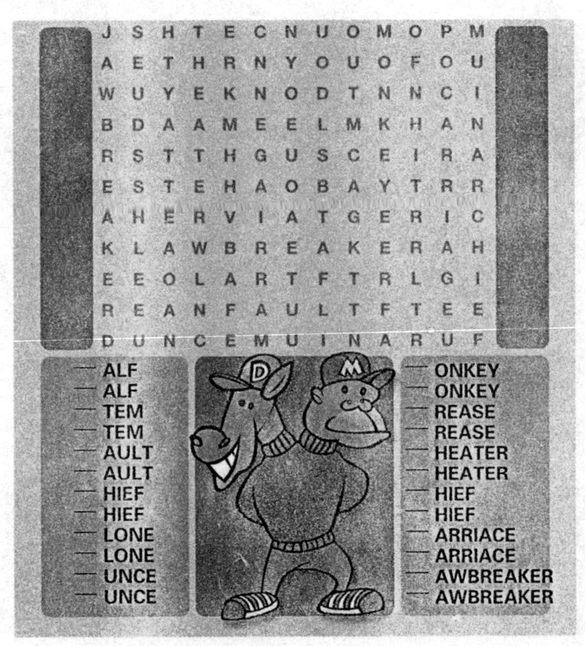

056 城际纵横

请把字母从一个位置移到另一个位置，这样你会拼出10个美国城市名称。彩色的图线提示你某个字母移动的路径，但没有给出提示的字母，这就得靠你自己了！注意图线的颜色在不同的地方可能代表不同的字母。比如，紫色的图线连接着TOLEDO（托莱多）和另外一座城市名称中相同的字母D，但在其他的位置，紫色可能代表其他的字母。

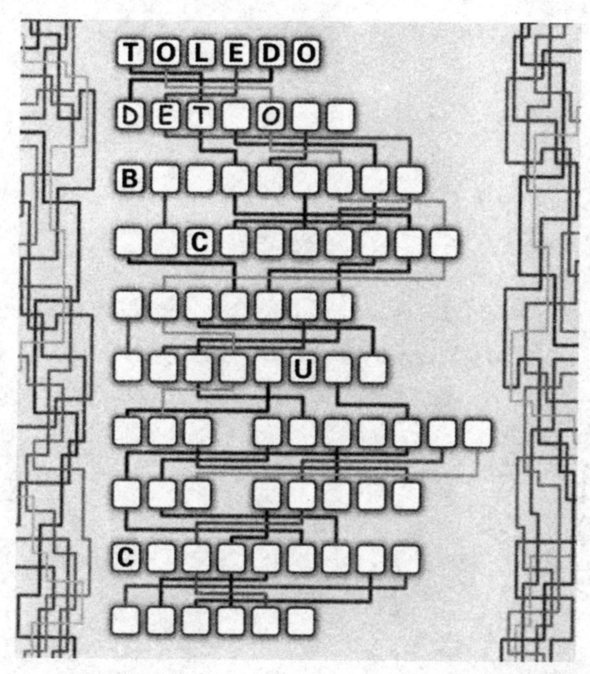

第二章

计算力

001 排列法

已知图形是1个被对角线分成2个三角形的正方形，这2个三角形分别为黑色和白色，而且这个正方形可以通过旋转得到4种不同的图案，如下图所示。现在把3个这样的正方形排成1行，请问一共有多少排列方法？

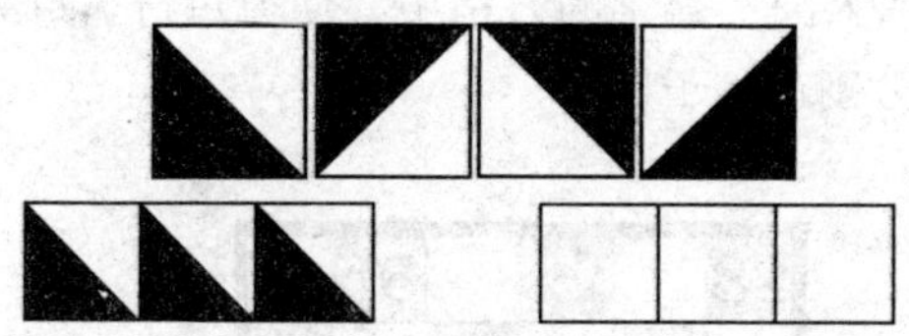

002 完成等式

将数字1~9放进数字路线中，使各等式成立。

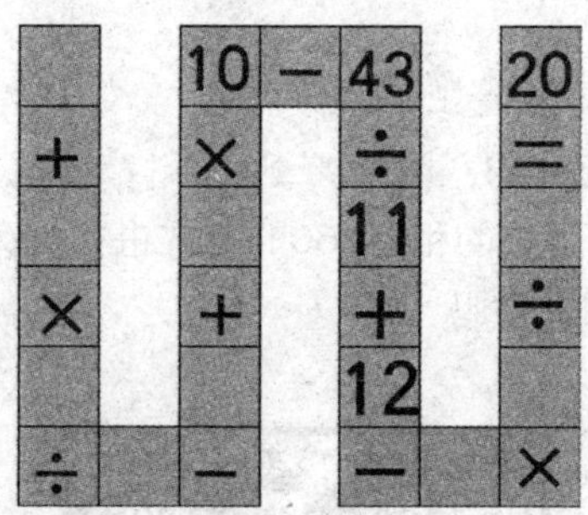

003 按顺序排列的西瓜

7个大西瓜的重量（以整千克计算）是依次递增的，平均重量是7千克。最重的西瓜有多少千克？

004 下落的砖

要掉在砌砖工头上的砖有多重？假设它的重量是1千克再加上半块砖的重量。

005 六阶魔方

用数字1~36填入缺失数字的方格中，使得每行、每列及每条对角线上的6个数之和分别都等于111。

28		3		35	
	18		24		1
7		12		22	
	13		19		29
5		15		25	
	33		6		9

006 八阶魔方

本杰明·富兰克林的八阶魔方诞生于1750年，包含了从1~64的所有数字，并以每行、每列的和为260的方式进行排列。

你能填出缺失的数字吗？

52		4		20		36	
14	3	62	51	46	35	30	19
53		5		21		37	
11	6	59	54	43	38	27	22
55		7		23		39	
9	8	57	56	41	40	25	24
50		2		18		34	
16	1	64	49	48	33	32	17

007 多米诺骨牌墙

有人在砌一堵墙。你能替他完成这项工作，把剩下的 7 张多米诺骨牌插入相应的位置吗？但是要记住，每行中要包括 6 组不同的点数，而且这些点数相加的和要与每行右侧的数值相等；每列也要包括 3 组不同的点数，且这些点数相加的和也要与底部的数值相等。

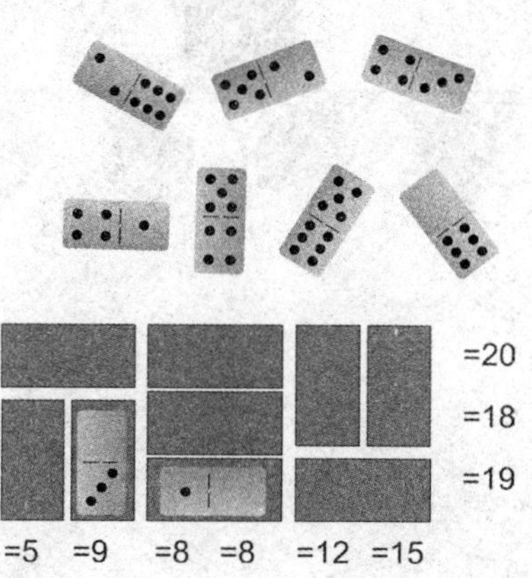

008 五星数字谜题

在这道谜题中，你必须运用从1~12的数字，每个圆圈中只能放入1个数字，而且所有的数字都要用上。将数字全部安放正确，使得各行4个数字的总和都等于26。

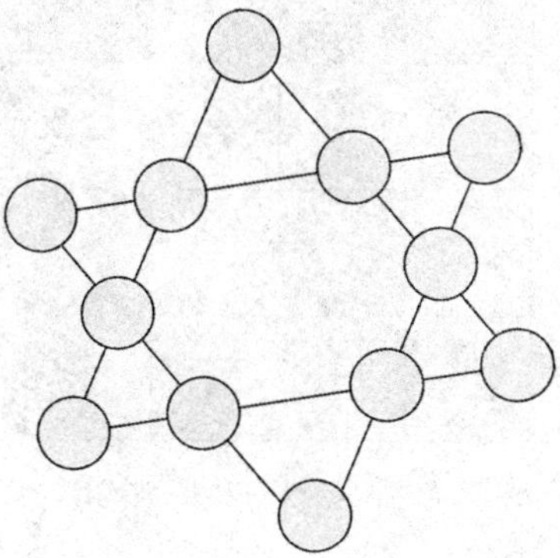

009 送货

传送带和滚轴上的货物需要运到20个单位距离的地方。如果每个滚轴的周长为0.8个单位长度，那么它们需要转多少圈才能将货物运到指定的地点？

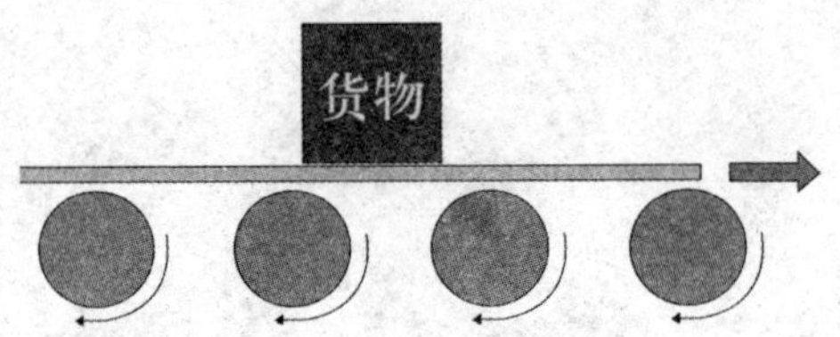

010 完成等式

在空格中填入正确的数字，使所有上下、左右方向的运算等式均成立。

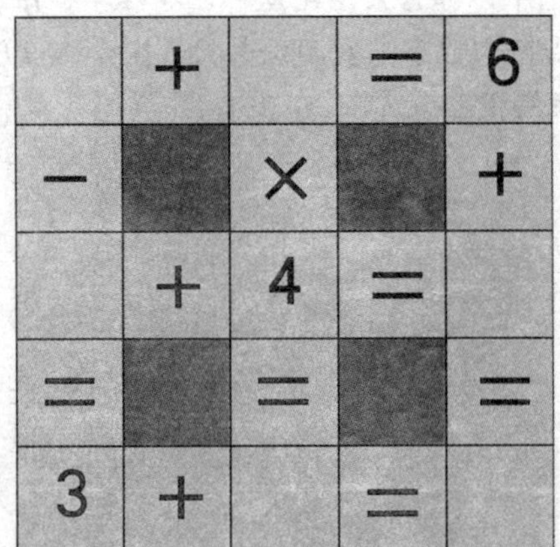

011 合力

这4个力是作用在同一个点上的（蓝点）。力的大小以千克为单位。

你可以算出它们合力的大小吗？

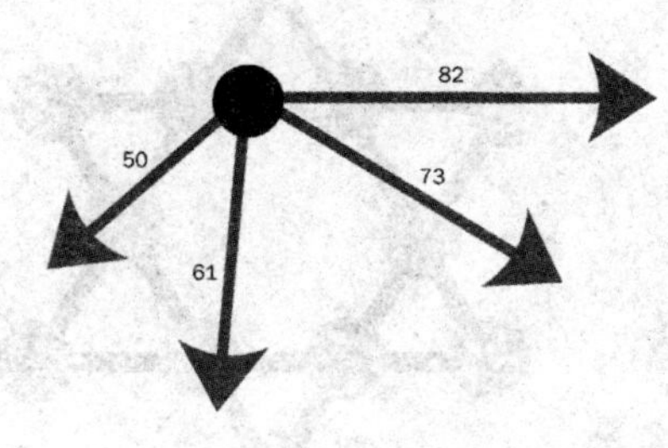

012 五角星魔方

你能将数字1~12（除去7和11）填入五角星上的10个圆圈上，并使任何一条直线上的数字之和等于24吗？

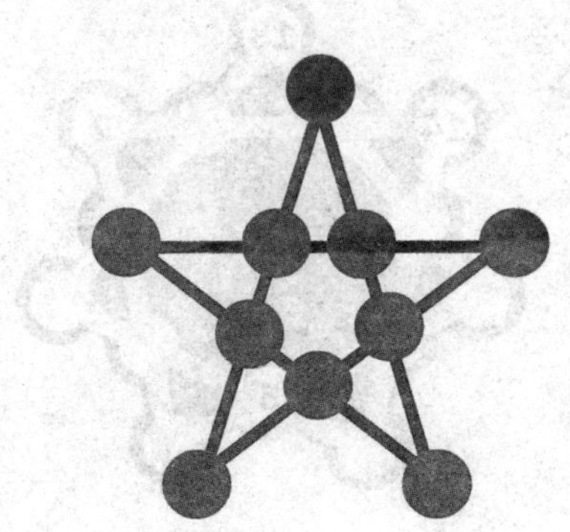

013 六角星魔方

你能将数字1~12填入六角星的圆圈中，使得任何一条直线上的数字之和为26吗？

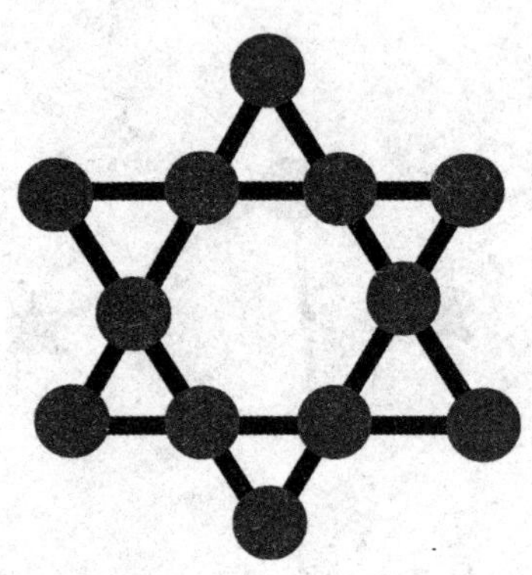

014 七角星魔方

你能将数字1~14填入右图的七角星圆圈内，使得每条直线上数字之和为30吗？

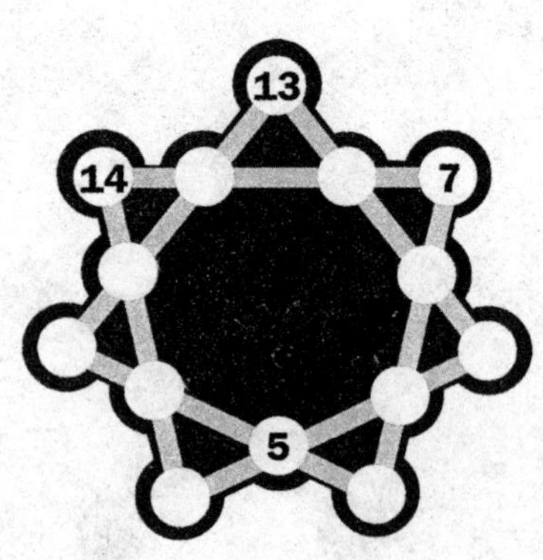

015 六角魔方

你能否将数字1~12填入多边形的12个三角形中，使得多边形中的6行（由5个三角形组成的三角形组）中，每行（每组）的和均为33？

016 完成链形图

算一算，下面这个链形图中缺少什么数字？

017 代数

要完成这道题，问号的位置应该换成什么数字？

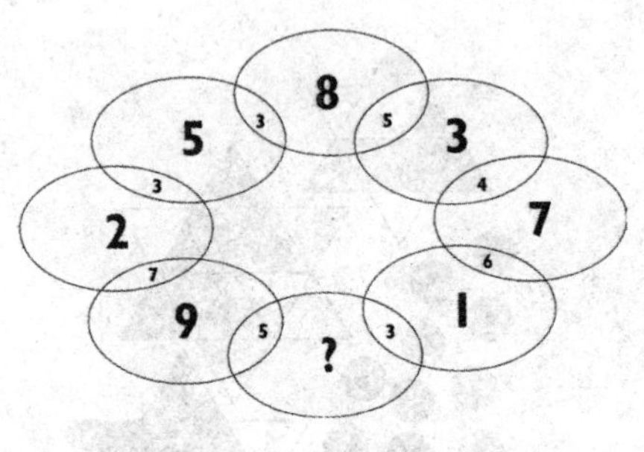

018 路径

从顶部的数字2出发，得出一个算式，使算式最后的得数仍然是2，不可以连续经过同一排的两个数字或运算符号，也不可以两次经过同一条路线。

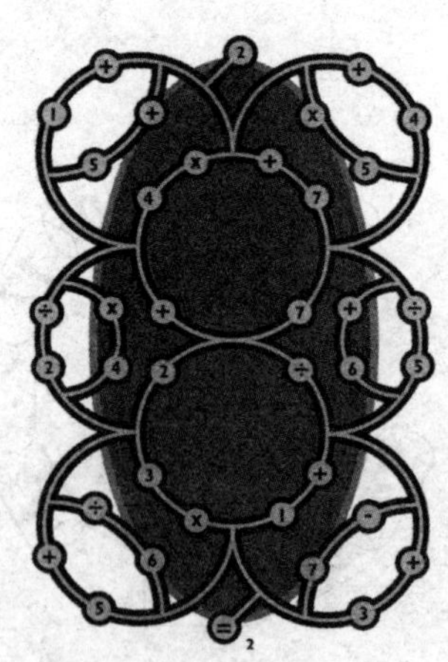

019 完成谜题

算一算，在问号处填上什么数字可以完成这道题？

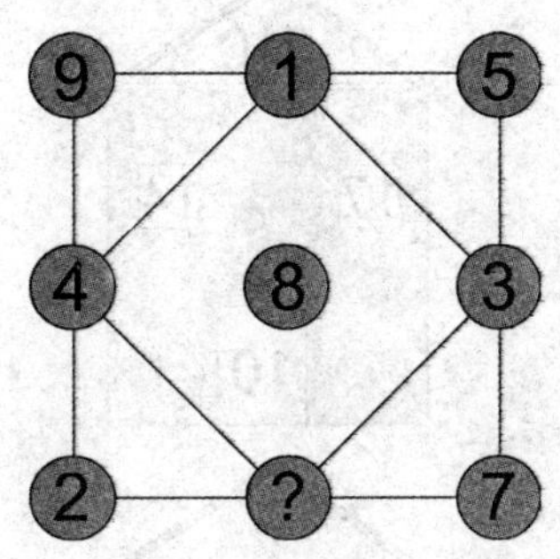

020 墨迹

哎呀!墨迹遮盖了一些数字。此题中，从1~9每个数字各使用了一次。你能重新写出这个加法算式吗？

021 房顶上的数

你能找出房顶处所缺的数值为多少吗？门窗上的那些数字只能使用1次，并且不能颠倒。

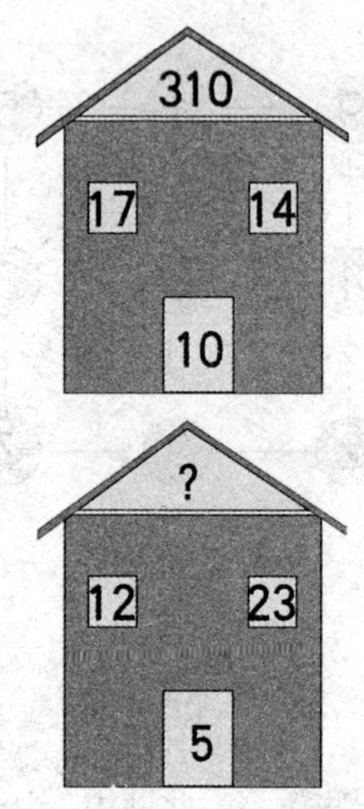

022 数字完形（1）

你能算出缺失的数字吗？

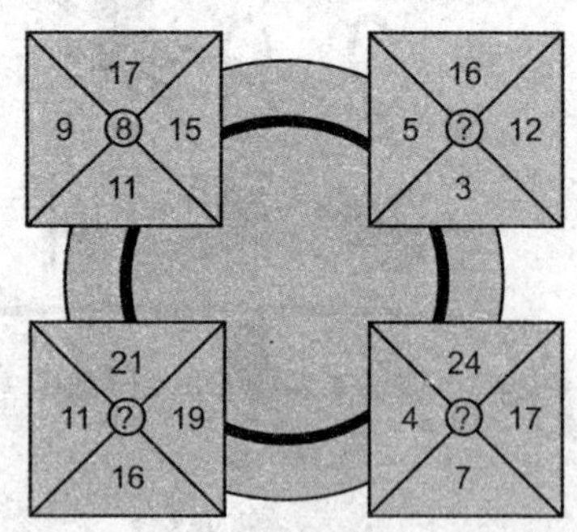

023 数字完形（2）

你能算出问号处应是什么数字吗？

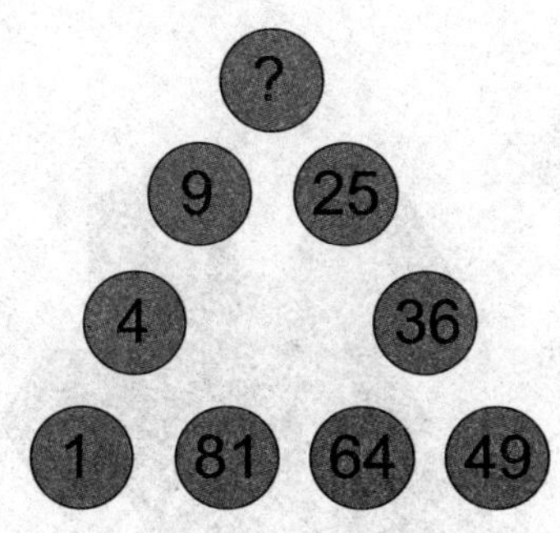

024 小狗菲多

小狗菲多被人用一条长绳拴在了树上。拴它的绳子可以到达距离树10米远的地方。

它的骨头离它所在的地方有22米。当它饿了，就可以轻松地吃到骨头。

它是怎么做到的？

025 剩余面积

如图所示，4 个小正六边形和大正六边形部分重叠。

问：除去重叠的部分，4 个六边形和六边形哪个剩余面积更大？正六边形的边长是正六边形边长的 2 倍。

026 数字难题

要完成这道题，问号处应该填上什么数字？

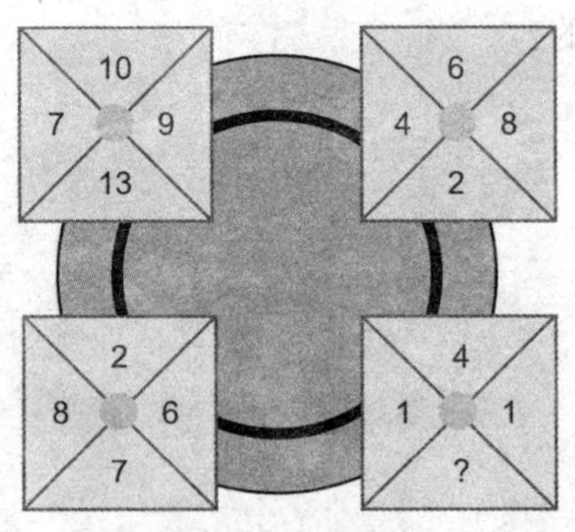

027 数字圆盘

第 3 个圆中缺少什么数字，你能算出来吗？

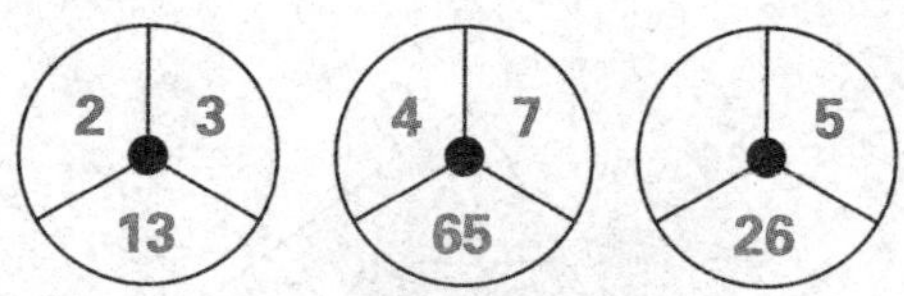

028 四边形面积

如图所示，用 1 根橡皮筋在下边的小钉板上围出 1 个红色的四边形，假设图中每一个小正方形的边长为 1 个单位，你能算出这个红色的四边形的面积吗？

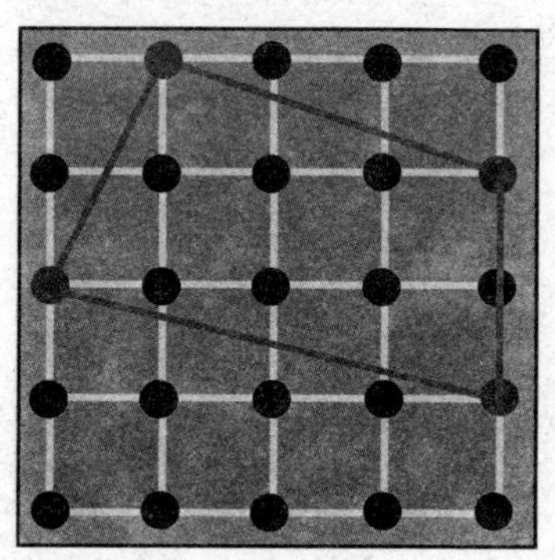

029 金字塔上的问号

金字塔每一格中的数字都是下面两格中的数字之和。用哪一个数字来替换问号呢？

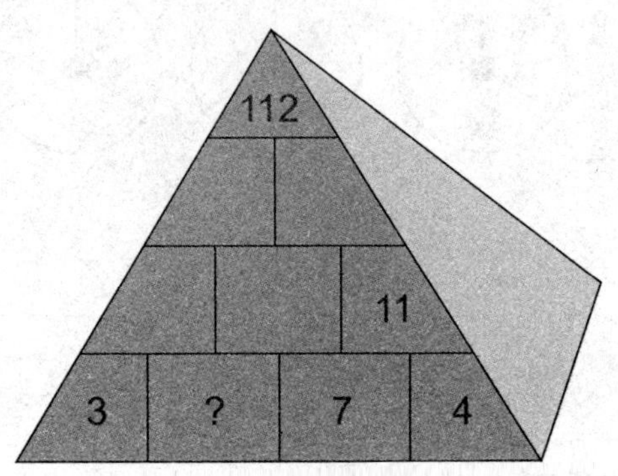

030 年龄

据说，曾有一位希腊人，孩童时期占据了他生命中1/4的时间，青年时期占据了1/5，在生命中1/3的时间里他是成人，而在生命的最后13年里，他成了一位老绅士。那么他在去世时年纪有多大呢？

031 大小面积

在边长为1的正方形的内接三角形中，面积最小的是多少？面积最大的呢？

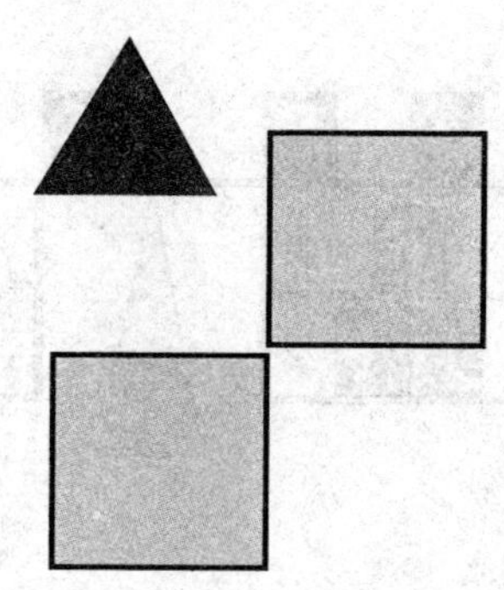

032 重新排列

观察这 3 组由标有数字的方块组成的图形。你能否通过把每组中的1个（且只能是1个）数字方块与别组进行交换将整个图形重新排列，从而使得每组数字的总和都与其他各组中数字的总和相同呢？

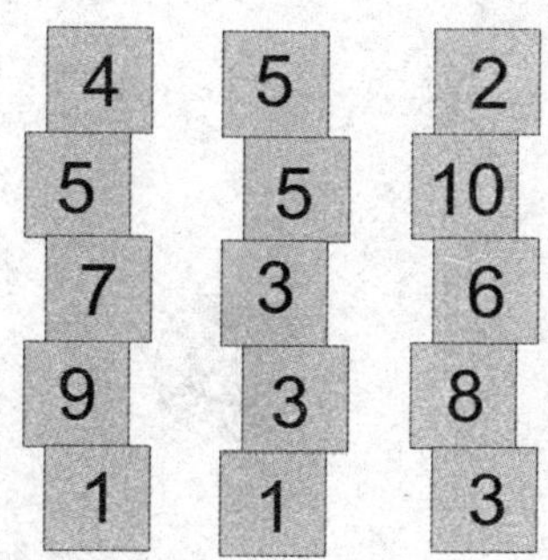

033 砝码

如图所示的天平系统是平衡的。那么，黄色砝码的重量是多少（忽略杠杆作用）？

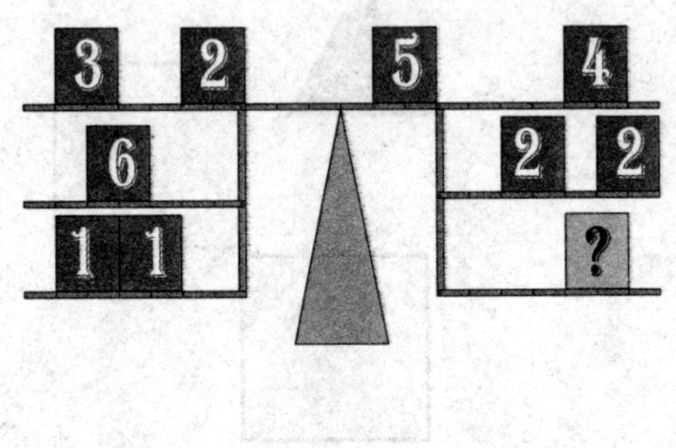

034 两位数密码

图中每个地面上的特工都需要1个数字密码才能与指挥中心联系。请问图中所缺的两位数密码是多少？

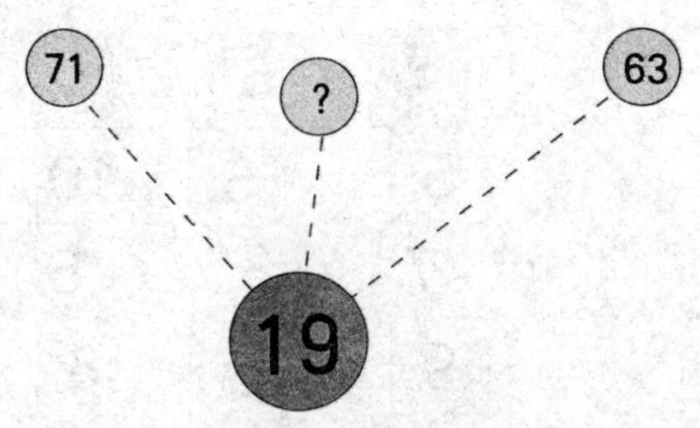

035 组合木板

现在有许多不同长度（毫米）的厚木板，如图所示，我们的目的是选择一些木板并把它们组合成一根连续长度尽可能接近某一个特定长度的木板——在这道题目里为3154毫米，如果可能，不要砍断任何木板。你能得到的最好结果是多少？

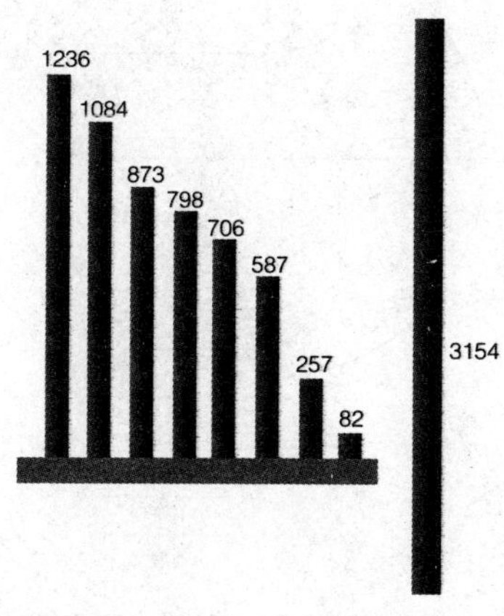

036 平衡

右边这个盒子里应放入多重的物品才能保持平衡？注意：衡量所划分的部分是相等的，每个盒子的重量是从盒子下方的中点开始计算的。

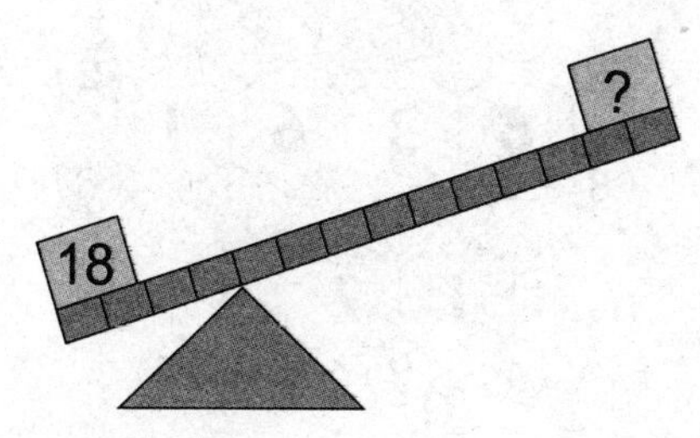

037 AC的长度

图中，圆圈的中心点是 O，角 AOC 是 90° ；AB 与 OD 平行。线段 OC 长 5 厘米，线段 CD 长 1 厘米。你要做的是计算线段 AC 的长度。

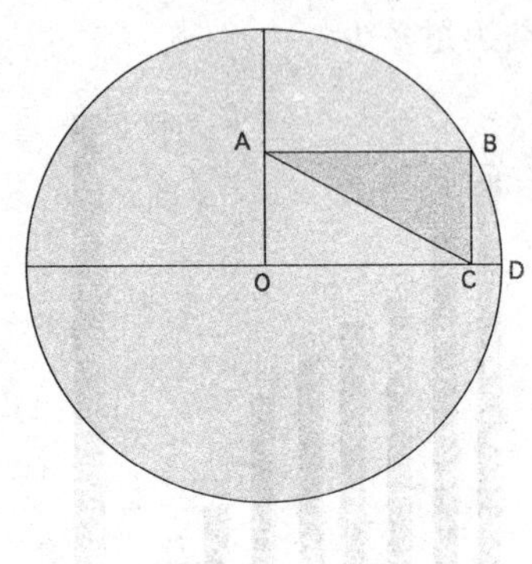

038 六边形与圆

每个六边形底部 3 个球对应的数之和减去六边形顶端的 3 个球所对应的数之和，等于六边形中间相对应的这个数。请填出空白处对应的数字。

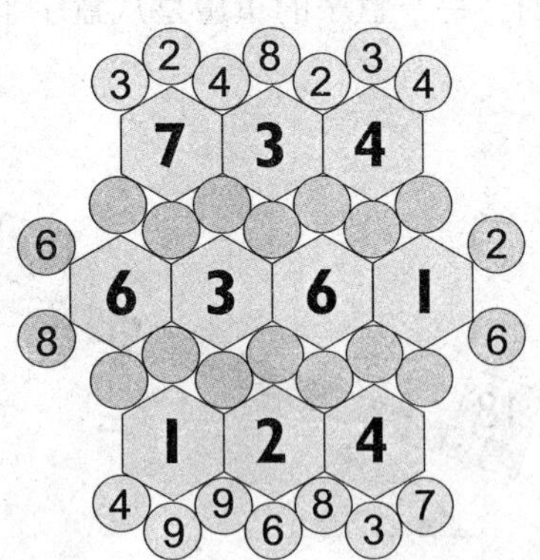

039 距离

有一位女士，她的花园小道有 2 米宽，道路一边都有篱笆。小道呈回形，直至花园中心。有一天，这位女士步行丈量小道到花园中心的长度，并忽略篱笆的宽度，假设她一直走在小道的中间，请问她走了多远的路？

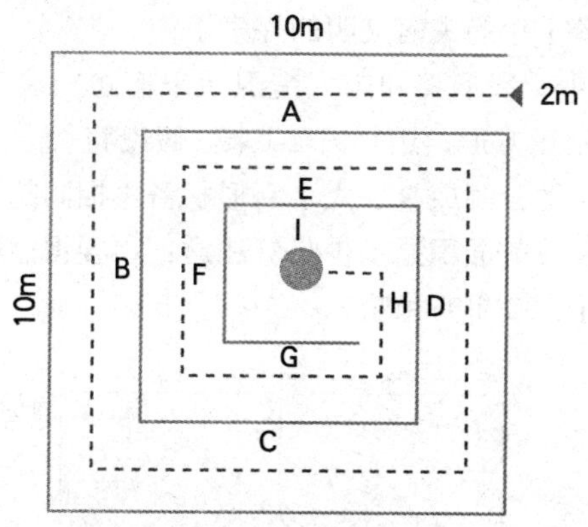

040 旗杆的长度

某天下午 3 点，有一根旗杆和测量杆在地上的投影如下图所示。请问旗杆的长度为多少？

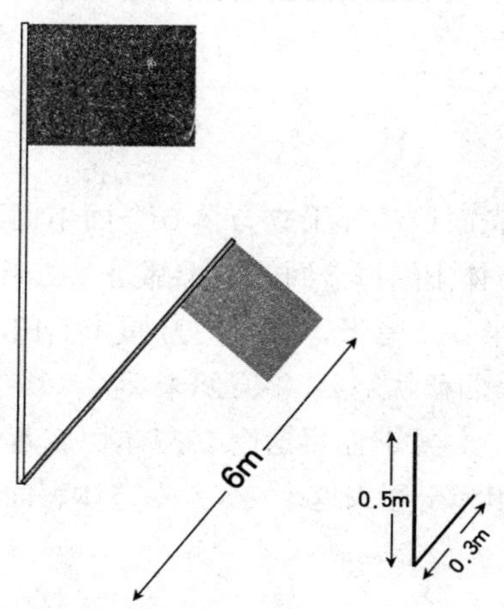

041 阴影面积

从绕地球轨道运行的人造卫星上可以看到任何种类的事物。例如，间谍卫星上配备有功能强大的镜头，足以“读取”到地球上汽车牌照上的数字。而其他类型的人造卫星则可以“看透”地球表面。所获取的这些影像能为人类的研究工作带来帮助——其中有些影像被用于那些已在滚滚黄沙中埋葬千年的失落文明的探索工作。

在这个问题中，我们将利用人造卫星来俯瞰一块土地进行调查。这块土地基本上呈正方形，边长为 20 米。假设将每一条边的中点都作为标记，把整块土地分割成 9 块大小、形状各不相同的土地。你能算出中间正方形阴影部分的面积是多少吗？注意：不要得意得太早，先告诉你，答案可不等于 100 平方米哦！

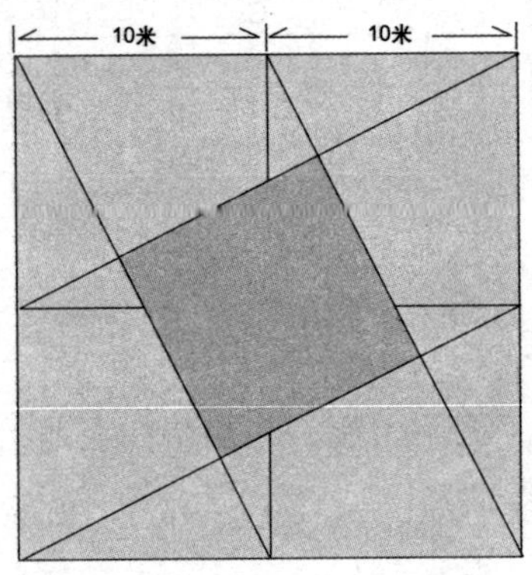

042 切割立方体

任何立方体的表面积都等于立方体 6 个面单面面积相加的总和。例如，下边这块立方体干酪每一面的边长都是 2 厘米。因此，每一面的表面积就等于 2 厘米 × 2 厘米，即 4 平方厘米。由于总共有 6 个面，因此这个立方体的表面积就是 24 平方厘米。

现在，挑战来了。要求你将这个立方体切成若干块，使得切割后的形体的表面积之和等于原来这个 2 × 2 立方体表面积的 2 倍，需要几刀就切几刀。

043 蜂群

蜂群总数的一半的平方根飞去了一丛茉莉花中，8/9 的蜂群也紧跟着飞去了；只有 2 只蜜蜂留下来。

你能说出整个蜂群里一共有多少只蜜蜂吗？

044 射箭

10 支箭射向了下面的靶子，1 支箭彻底地脱了靶，其他的箭都射中了靶子。如果总分为100分，那么各支箭都分别射在了箭靶的哪一环呢？

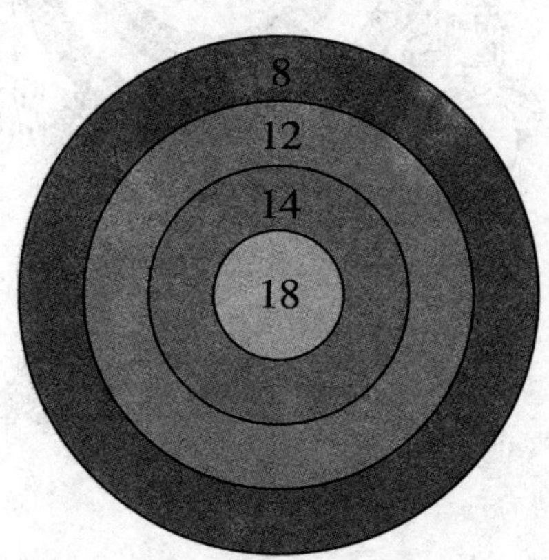

045 裙子降价

如果一件裙子降价 20%出售，现在的销售价格要增加多少个百分点才是原来的价格？

046 费尔图克难题

费尔图克曾就一道古老的射箭难题向罗宾汉挑战。他把 6 支箭射在靶子上，这样他的总分就刚好达到 100 分。看样子，费尔图克好像知道答案而且可以摘得奖牌了。

提示：有 4 支箭射在了相同的靶环上。

047 链子

一个人有6条链子，他想把它们连成一条有29个节的链子。他去问铁匠这个需要花费多少钱。铁匠告诉他打开一个环要花1元，而要把它焊接在一起则要花5角。请问，铁匠做这条链子最少要花多少钱？

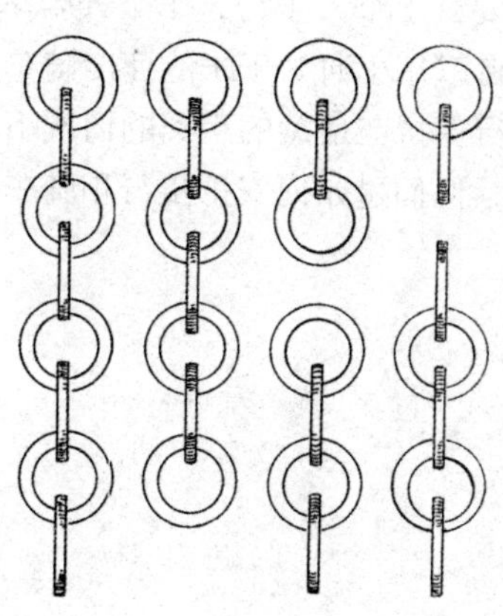

048 动物

这是一个有关管理员的游戏，它来自非洲的肯尼亚。有个管理员决定计算一下公园里的狮子和鸵鸟的数量。出于某种原因，他是通过计算这些动物的头和腿的数目来统计动物数量的。最后，他算出一共有35个头和78条腿。那么，你知道公园里分别有多少狮子和鸵鸟吗？

049 自行车

这个故事发生在自行车刚刚出现的时候。一天，有 2 名年轻的骑车人，贝蒂和纳丁·帕克斯特准备骑车到 20 千米外的乡村看望姑妈。当走过 4 千米的时候，贝蒂的自行车出了问题，她不得不把车子用链子拴在树上。由于很着急，她们决定继续尽快向前走。她们有两种选择：要么 2 人都步行；要么 1 个人步行，1 个人骑车。她们都能以每小时 4 千米的速度步行或者以每小时 8 千米的速度骑车前进。她们决定制定一个计划，即在把步行保持在最短的距离的情况下，利用最短的时间同时到达姑妈家。那么，他们是如何安排步行和骑车的呢？

050 网球

很多年以前，人们在闲暇时刻乡村俱乐部举行了一场盛大的泰迪·罗斯福混双网球锦标赛。一共有 128 对选手报名参加这项赛事。管理员撒迪厄斯·拉肯卡特熬了半宿才把赛程拟订出来。那么，你知道在冠军产生之前会进行多少场混双比赛吗？

051 苍蝇

那只久经沙场的苍蝇已经在很多思维游戏当中出现过，这次它又来为难我们的读者了。它发现一块儿大理石的底座，并想从上面飞过。它准备从下页图中所示的这个立方体左下角的A点出发，然后到达立方体对面的右上角B点。这个立方体的每条边都长60厘米。那么，你能为这只苍蝇找出一条最短的路线吗？

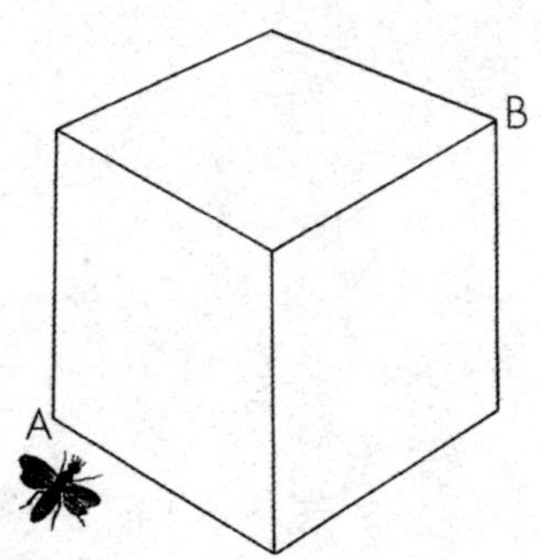

052 小甜饼

小阿里阿德涅现在很烦。今天早些时候，她收到妈妈亲手做的一包新鲜小甜饼。正当她打开礼物时，她的 4 个朋友就到了，她们提醒阿里阿德涅以前她们带的小甜饼也曾和她分享过，现在也该她反过来回赠她们了。

首先，她不情愿地把其中的一半和半个甜饼分给了她的朋友劳拉；然后，把剩下的一半甜饼和半个甜饼分给了梅尔瓦；接着，她又把剩下的一半甜饼和半个甜饼分给了罗伦；最后，她把盒子里剩下的一半甜饼和半个甜饼分给了玛戈特。这样，可怜的阿里阿德涅就把盒子里的甜饼都分了出去，她真是伤心极了。

那么，你能否计算出盒子里原来有多少小甜饼吗？顺便说一下，阿里阿德涅绝对没有把盒子里的甜饼切成或者掰成两半。

053 香烟

尼古丁·奈德看起来十分落魄，甚至连买一盒好烟的钱都没有。他只能在著名的快速卷烟机的帮助下自己卷烟抽。至于烟草，他是从抽过的烟头里积攒下来的。他可以把3个烟头卷成一支烟。他攒了10个烟头，可是他却想卷5支烟。也许这个听起来好像是不可能的，但是奈德却卷成了。那么，你知道他是怎么做到的吗？

054 长角的蜥蜴

伯沙撒是我们镇上的自然博物馆从某个地方得到一只长角的蜥蜴，它十分神奇。工作人员特意把它放在爬行动物观赏大厅新建的一个圆形有顶的窝里。刚放下，伯沙撒就马上开始考察它的新领地了。从门口开始，它向北爬行了4米到达圆的边缘；然后，它急忙转身向东爬行了3米，这时它又到达了围栏边。那么，你能否根据这些信息计算出它这个窝的直径吗？

055 车厢

小时候，爸爸给我买了一列玩具火车作为我的生日礼物。除了火车配备的车厢之外，他又花了20元买了另外20个车厢。乘客车厢每个4元，货物车厢每个0.5元，煤炭车厢每个0.25元。那么，你能否计算出这几种类型的车厢各有几个？

056 开商店

哈丽和桃瑞斯正在做开商店的游戏。哈丽花了 3.1 元从桃瑞斯那里买了 3 罐草莓酱和 4 罐桃酱。那么，你能否根据上面说的情况计算出每罐草莓酱和每罐桃酱的价钱吗？

第三章

判断力

001 缺失的字母

猜一猜，哪个字母可以完成这道谜题？

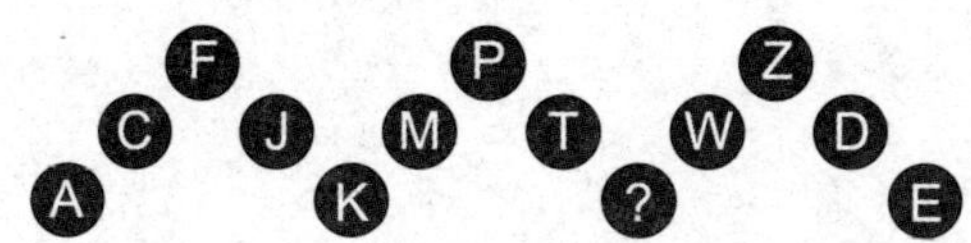

002 星星

上面哪一颗星星应该放在问号处？

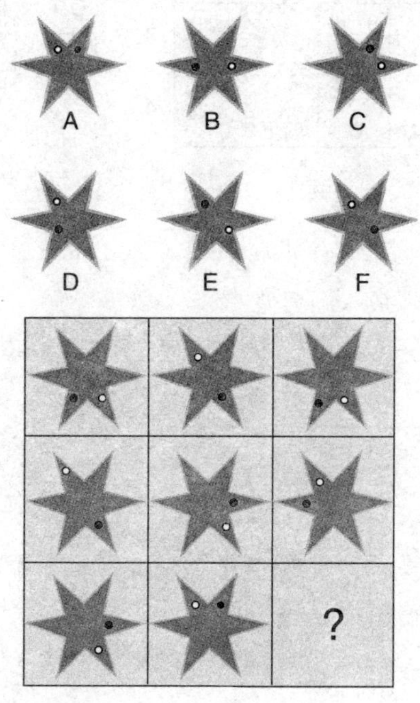

003 拿掉谁

想一想，应该拿掉哪一个数字下面这组数列才能成立？

1.2.3.6.7.8.14.15.30

004 对应

哪个选项和图中 D1 相对应？

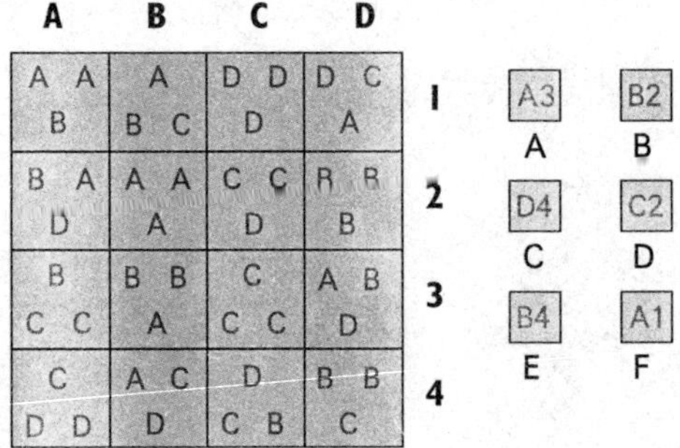

005 图形复位

哪一个图形可以放入问号处？

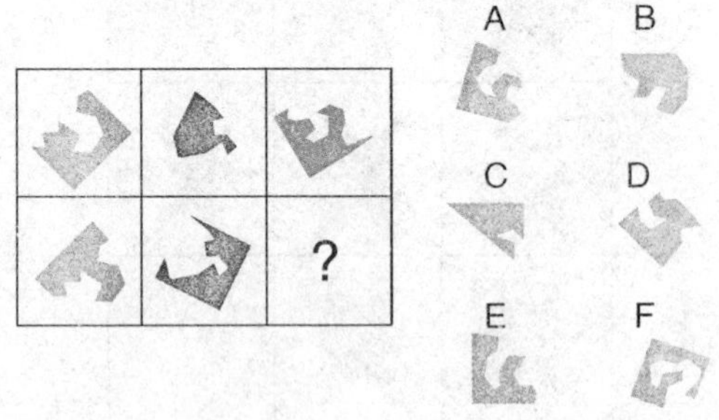

006 多边形与线段

某个多边形如果满足下面的条件我们就叫它正多边形：

1. 各条边相等；

2. 各个角相等。

圆一般我们也将其看作有无数条边的正多边形。

最后 1 条边的终点跟第 1 条边的起点不重合的多边形我们称之为不闭合多边形；

最后 1 条边的终点跟第 1 条边的起点重合的多边形我们称之为闭合多边形；

任何两条边都不相交的多边形我们称之为简单多边形，简单多边形把平面分成两个部分，多边形里面的部分和外面的部分；

多边形的边存在相交情况的多边形我们称之为复杂多边形，复杂多边形把平面分为两个以上的部分；

复合多边形是由几个简单多边形叠加所形成的多边形；

多边形内任意两点的连线所成的线段都在多边形里面，这样的多边形我们称之为凸多边形；反之则为凹多边形。

请问：下面 12 幅图中哪些是正多边形，哪些是不闭合多边形、闭合多边形、简单多边形、复杂多边形、复合多边形、凸多边形和凹多边形？

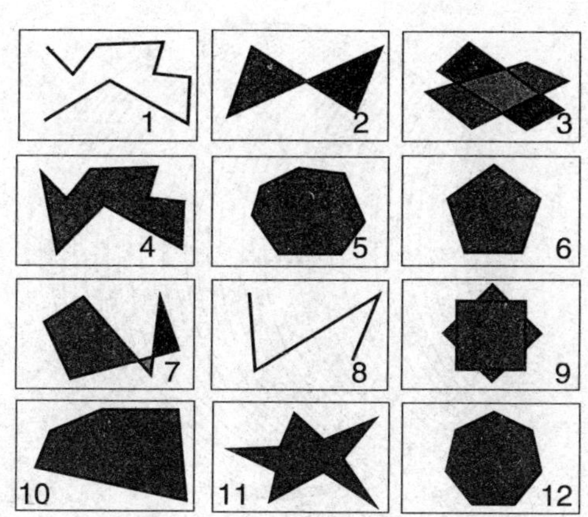

007 星形盾徽

在日本，这种星形物称为“门”，经常用于诸如家族盾徽之类的物品上。乍一看，你可能会说要 8 张正方形纸张才能做成这种“门”，但是也许有点多。到底需要几张正方形纸呢？

008 圆心

下图中，6个红色的圆点中哪一个是大圆的圆心？

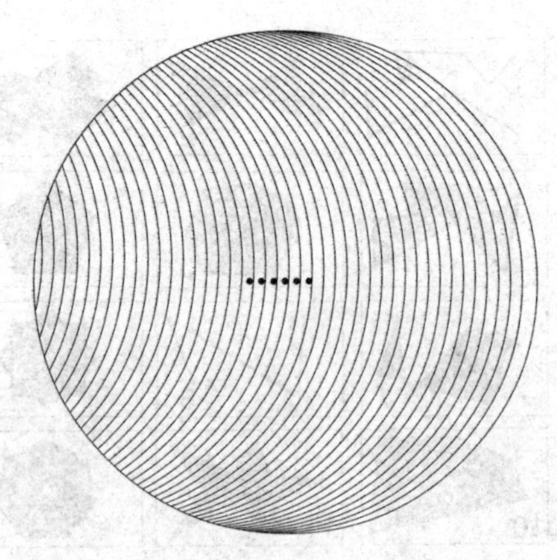

009 “蜈蚣”

如下图，这条“蜈蚣”中间所有横线都等长吗？

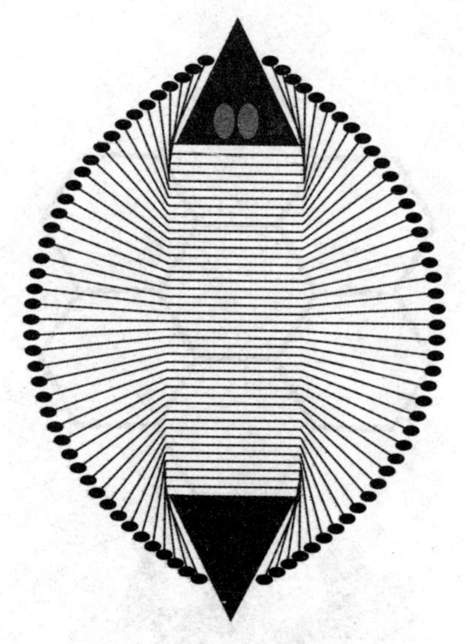

010 错误的等式

这6个等式中，哪一个是不正确的？

A	2943	=	9
B	2376	=	9
C	7381	=	6
D	4911	=	6
E	7194	=	3
F	5601	=	3

011 拼图板

在下面的图案中，有唯一的一对图案可以拼成这个白色图案的红色版本，是哪两个图案呢？

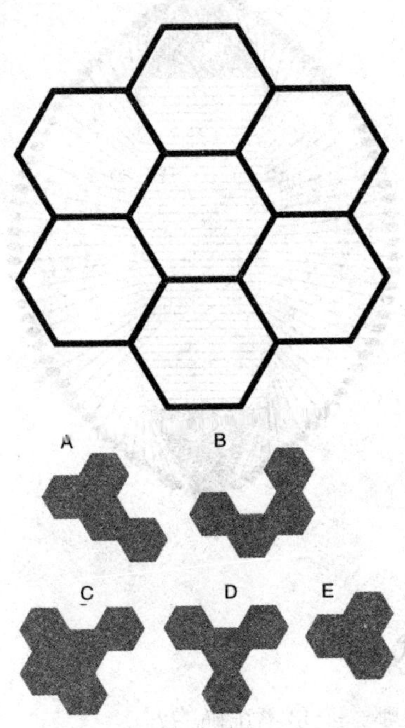

012 六边形游戏

六边形游戏是最有趣的拓扑学游戏之一，一般来说，这个游戏的棋盘是由11 × 11的六边形所组成的（其他规格的棋盘也可以）。

一个玩家用红色的棋子，另一个玩家用绿色的棋子——如果是在一张纸上玩这个游戏，玩家可以用铅笔在格子上分别标注O或X。

玩家轮流在空白的格子处放上棋子（或者标注O或X）。

最终玩家必须用自己颜色的棋子把棋盘两边的颜色连起来，先做到者胜出。4个顶点的棋盘格子既可以属于红方也可以属于绿方。

这个游戏不可能出现平局，每一盘都一定会出现胜负。

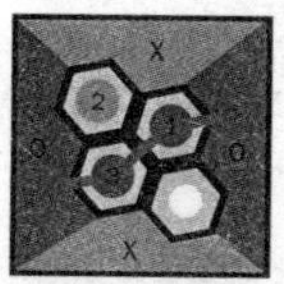

在2×2的棋盘上，先下的玩家很容易赢

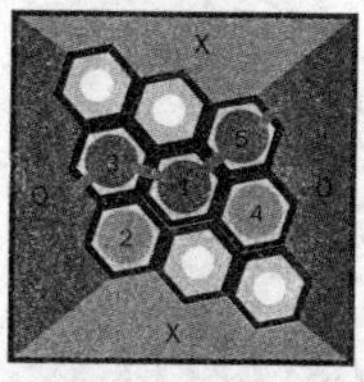

在3×3的棋盘上，先下的玩家如果第1步走在棋盘的中心就很容易赢

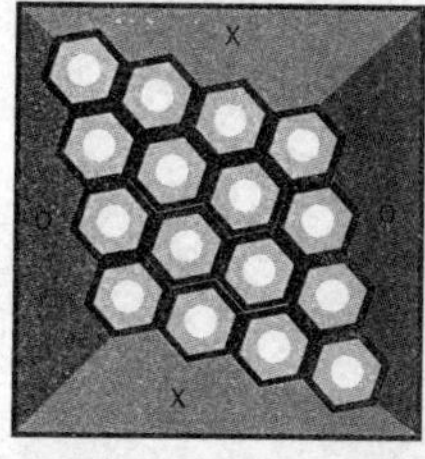

问：在4×4的棋盘上,先下的玩家至少需要几步才能赢?

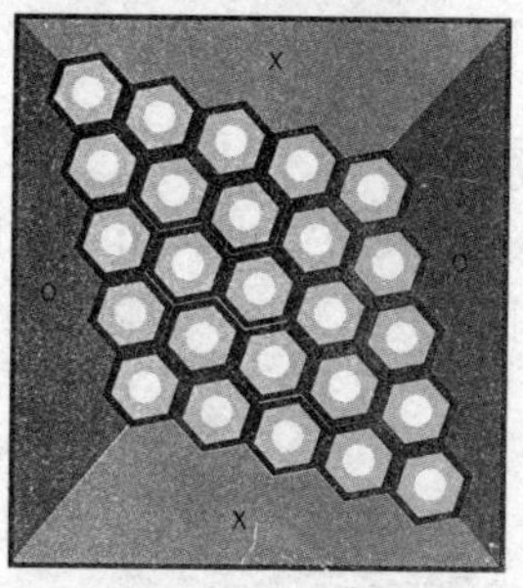

问：在5×5的棋盘上，先下的玩家怎样才能赢?

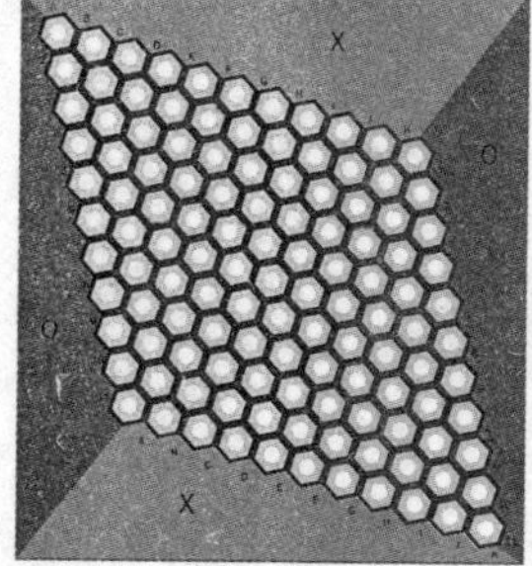

二人游戏的标准棋盘

013 绳子和管道

一条管道坐落于一段奇特的绳圈的中央。假设从开放的两端拉动这条绳子，那么这条绳子究竟是会和管道彻底分离，还是会和管道连在一起呢？

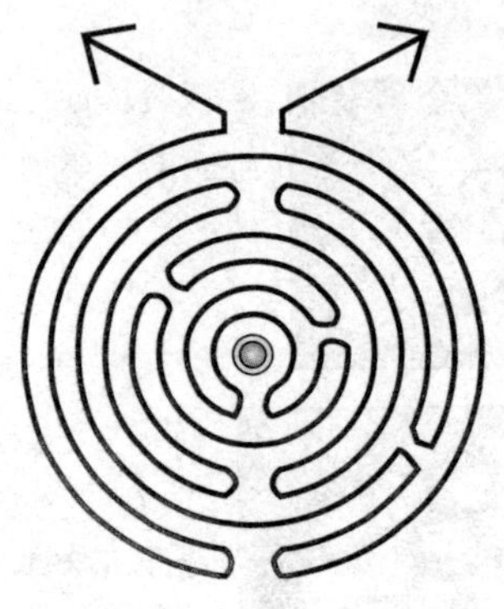

014 贪吃蛇

这些饥饿的蛇正在互相吞食着对方。由于它们采用了这种怪异的进餐方式，它们所组成的圆环正在逐渐缩小。如果它们仍旧继续吞食对方的话，最后这个由蛇构成的圆环会出现什么情况呢？

015 最大周长

从A，B，C，D中找出周长最长的那个图形。

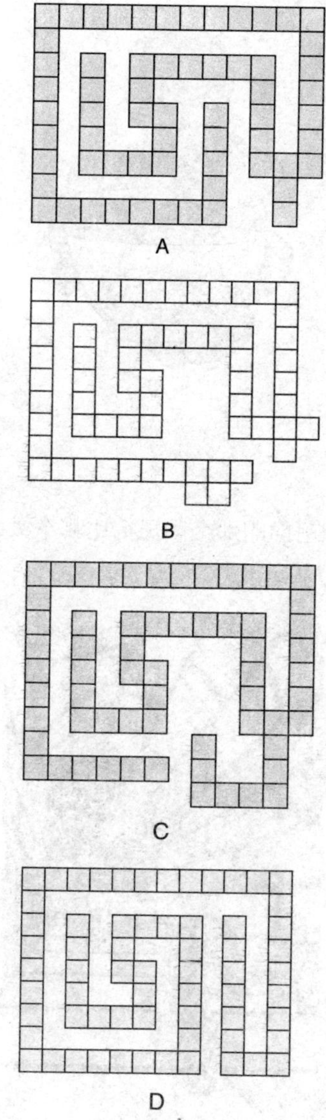

016 金鱼

你从鱼缸的上面向下看，所看到的金鱼位置和金鱼在鱼缸里的实际位置是一致的吗？

017 幽灵

后面那个幽灵和前面的那个幽灵相比哪个大？

018 垂直

细看立方体侧面的那3条线，哪条线是与竖线垂直的，哪条线是斜着的？

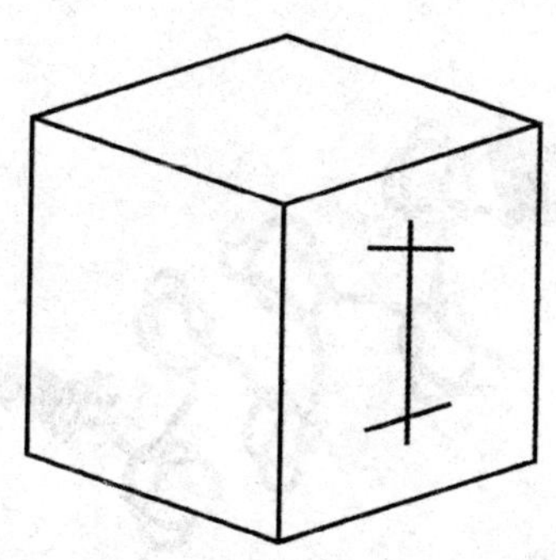

019 哪个更快乐

哪张脸看起来快乐一些？

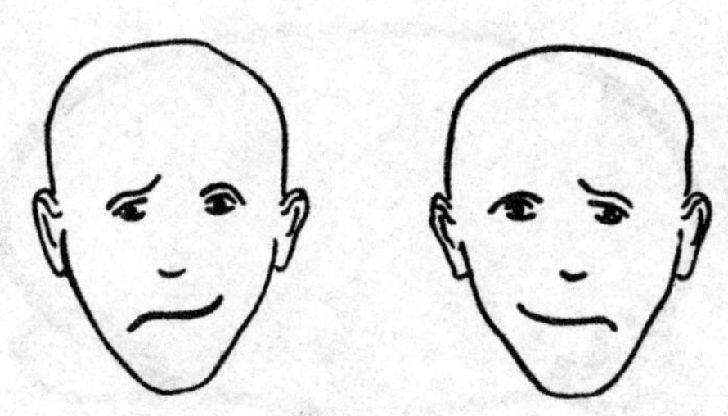

020 狗拉绳子

如果这两只狗向着相反的方向拉这根绳子，绳子将会被拉直。

问拉直后的绳子上面有没有结，如果有的话，有几个？

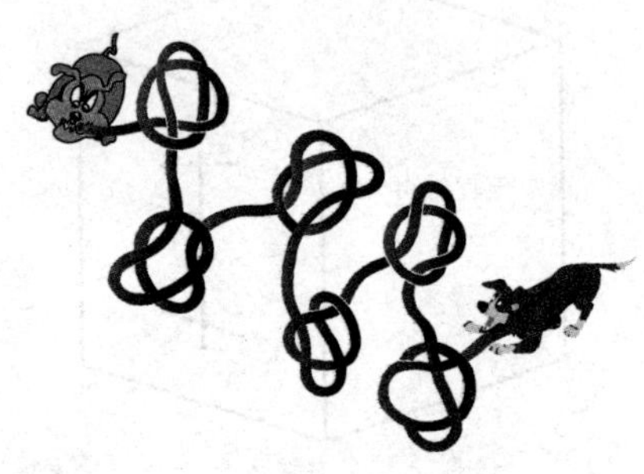

021 不同方向的结

如图，一条绳子的两个不同方向上分别有两个结。

请问这两个结能够相互抵消吗？还有，你能否将这两个结互换位置？

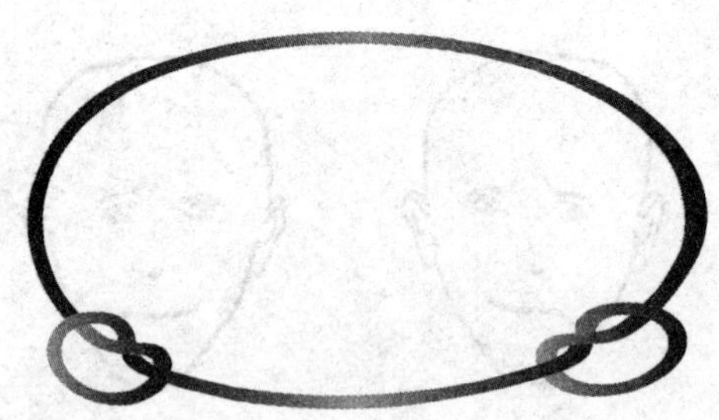

022 数字球

你能找出与众不同的那个数字球吗？

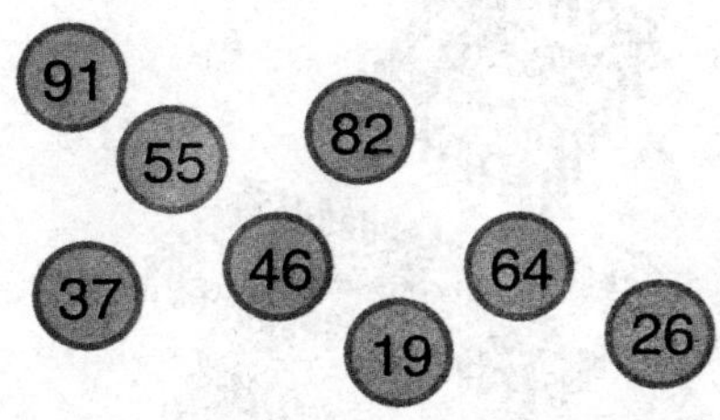

023 通往目的地

不要使用指示物，只用眼睛看，标有数字的路线中，哪一条能够到达标有字母的目的地？

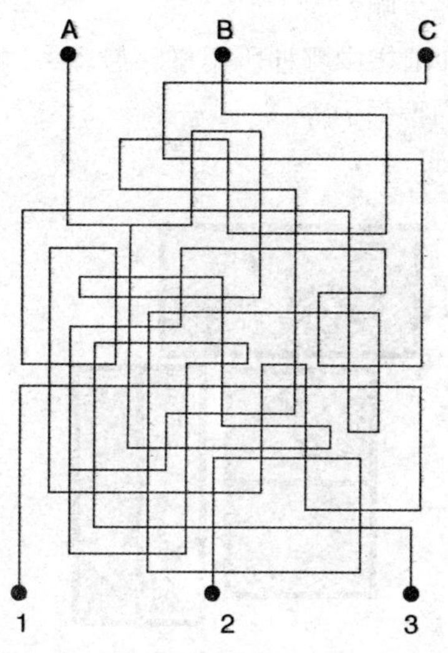

024 动物围栏（1）

这 3 个围栏的面积相同，请问制作哪个围栏所用的材料最少？

025 动物围栏（2）

2个矩形围栏全等，并且有1条边重合，这种情况下怎样才能使制造围栏所用的材料最少呢？

如图所示，3种围栏中哪种所用材料最少？3幅图都是按照相同的比例尺画的，并且面积都相等。

026 不一样的图标

你能找出其中不同的那个图标吗？

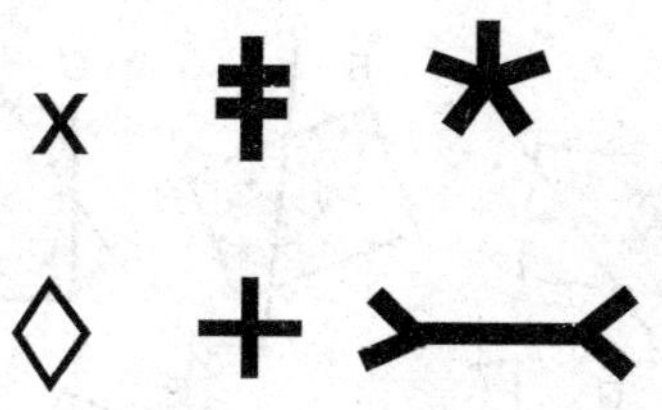

027 哈密尔敦循环

在完全有向的图里每2个顶点之间都有连线，且每条线段都有1个箭头。

对于完全有向的图有个著名的定理，即完全有向图各线段的箭头不论怎么加，总有1条路线——从某个顶点出发，沿着箭头方向通过每个顶点，且每个顶点只经过1次。这样的路线被称为哈密尔敦路线。而如果这条路线能够正好回到起点，那么这条路线就被称为哈密尔敦循环。

根据完全有向定理，哈密尔敦路线在任意完全有向图上都是一定存在的，而哈密尔敦循环则不一定。

下面是1个有7个顶点的完全有向图。你能够在它里面找到1个哈密尔顿循环吗？也就是说，从起点开始，到达其他每个顶点分别1次，然后再回到起点？

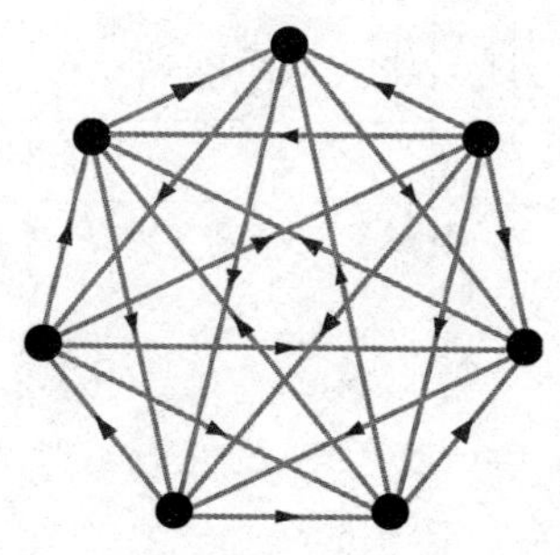

028 与众不同

哪幅图不同于其他4幅？

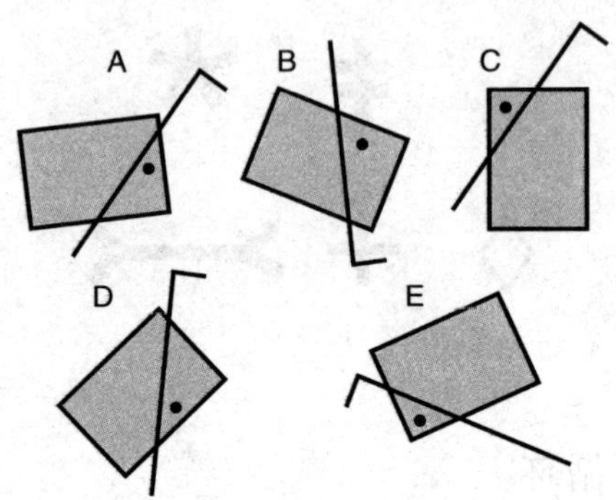

029 一笔画图（1）

如果有的话，在下边的图形中，哪个不需要横穿或者重复其他线条，一笔就能在纸上画出来。

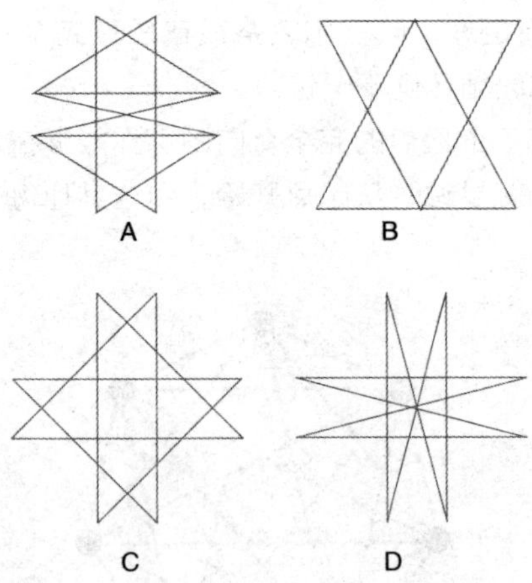

030 一笔画图（2）

你能仅仅利用一根连续的线就把下边的图形整个描画下来吗？将你的铅笔放置于图形的任意一点，然后描画出整个图形，铅笔不得离开纸面。

注意：这条线既不能自行交叉也不能重复路线中的任何部分。

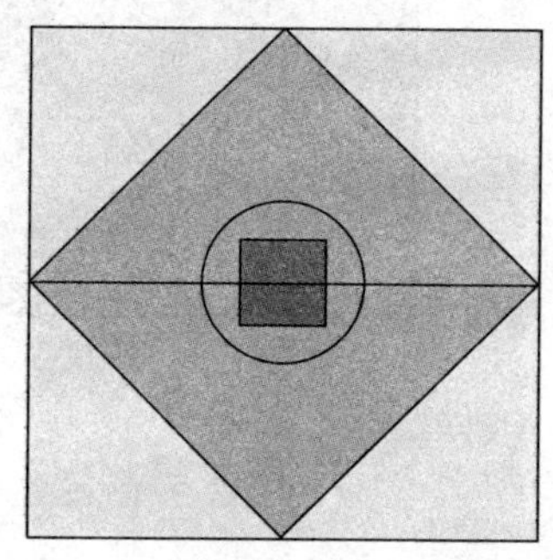

031 组成三角形

哪个图形能组成等边三角形呢？在一张纸上复制3个该图形，将它们组合成1个等边三角形。

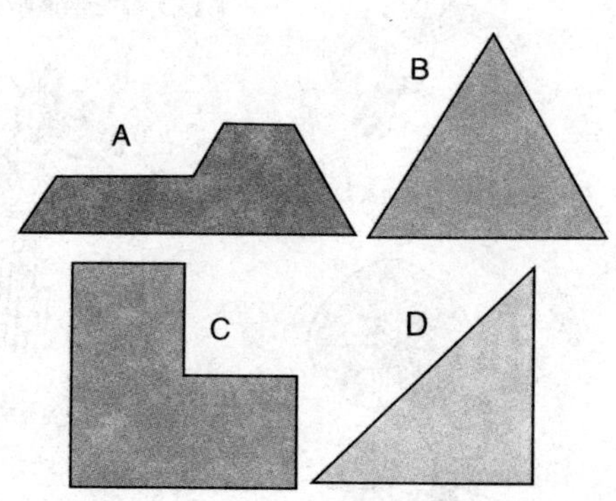

032 最先出现的裂缝

下图显示的是一块泥地，泥地上有很多裂缝，你能够说出这众多裂缝中哪一条是最先出现的吗？

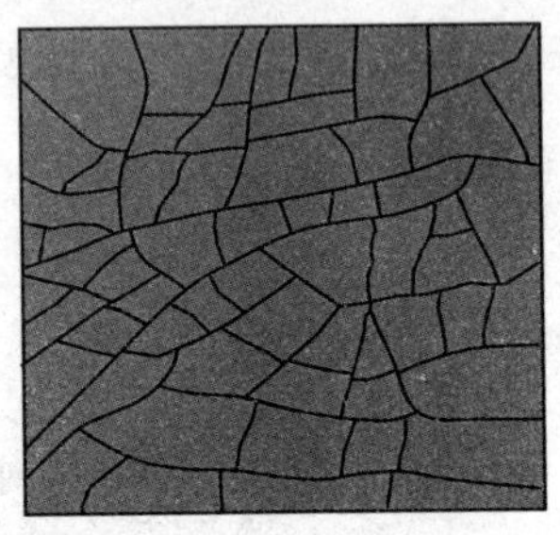

033 敢于比较

你是否能答出每道问题里的哪一件物品更……试试看吧！

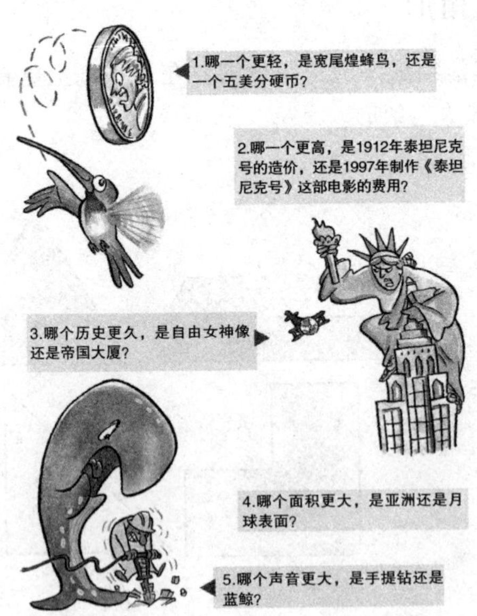

034 哪个不是

在这个谜题中，运用你的知识和直觉，来判断每组中不属于该组的一项。你能猜出来是哪一个吗？

035 数字错误

图中那些令人惊叹的说法都有一个问题：每次遇到的数字事实上都是错误的。阅读每一个说法，判断数字是太高还是太低。

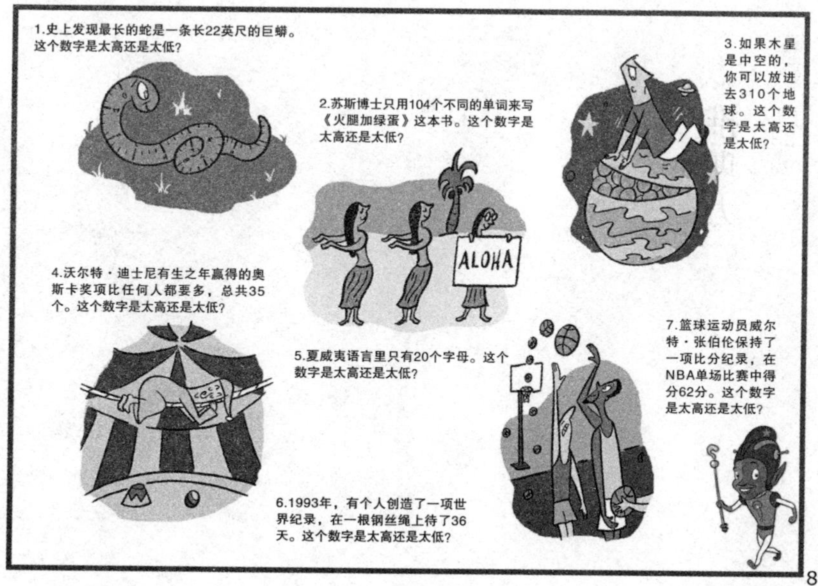

第四章

推理力

001 数列对应

如果数列1对应数列2，那么数列3对应的是哪一个？

1: 1 7 9 8 2 0 6

2: 9 6 0 2 1 7 8

3: 9 8 2 6 0 1 7

A 1 8 7 0 9 6 2

B 0 2 1 8 7 9 6

C 7 2 1 6 0 9 8

D 6 8 7 1 9 2 0

002 分蛋糕

要求把这个顶上和四周都有糖霜装饰的蛋糕分成 5 块体积相等，并且有等量糖霜的小蛋糕。

如果蛋糕上没有糖霜或装饰，这个问题就可以用简单的 4 条平行线解决，但是现在问题有点麻烦，因为那样做将会使 2 块蛋糕上有较多的糖霜。

003 发现规律

下列图形是按照一定规律排列的，按照这一规律，接下来应该填入方框中的是A，B，C，D中的哪一项？

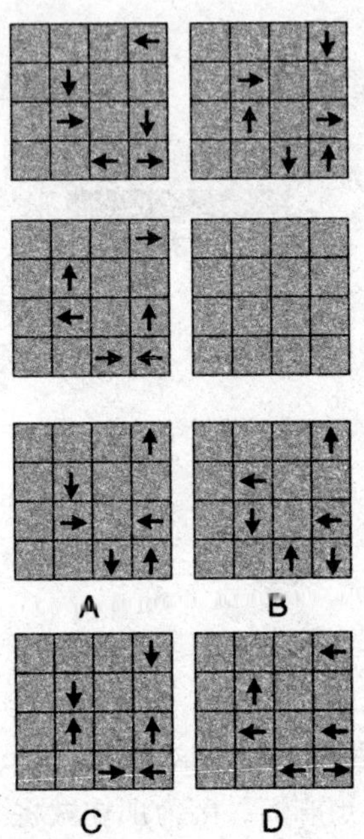

004 箭头的方向

从格栅的左上角开始，每个箭头都是按照一定的逻辑顺序排列的。那么，空格处的箭头应朝哪个方向，同时，这个排列顺序是什么？

←	↑	←	↑	
↓	↑	↓	↑	↓
→	→	→	→	→
↑	↓	↑	↓	↑
↑	←	↑	←	↑

N

005 正确的选项

根据已给出的数列，请推测问号处应填A，B，C，D，E，F哪一项？

A

8	8	2
2	9	2
4	7	1

B

2	8	2
1	8	1
4	7	2

C

2	8	2
1	8	1
4	7	1

2	9	3	7	3	2	1	1	8			
			5	4	3	8	4	2	4	2	0
8	3	5	6	6	3	0	2	4			
			7	2	9	2	4	1	8	1	4
6	4	7	4	4	2	8	2	4			
			7	2				1	6	1	4
6	2	9	2	6		?		2			
			3	9				2	8	2	7
3	4	5	4	8	2	0	1	2			
			2	8	6	3	2	1	8	1	6
2	9	4	6	6	2	4	1	8			
			7	6	8	6	6	4	8	4	2
5	5	9	3	2	2	7	2	5			

D

2	8	2
2	9	2
4	7	1

E

2	8	2
1	9	1
4	5	1

F

3	8	3
1	8	1
4	7	1

006 数独

这是一种数字游戏——数独。它的规则比较简单：从1~9这些数字中选择1个，放入每个空格中，使每一横排、纵列和3×3的格子中都包含了1~9这些数字。

	8				1			
6							2	7
	3	4			6			
					8			1
	2	6	5		9	4	3	
3			2					
			9			3	5	
4	9							6
			1				8	

007 字母九宫格（1）

在下面的每个格子里填上字母S，P，A，R，K，L，I，N和G，使得每一横行、每一竖行，以及每个3 × 3的小方框中这9个字母分别出现一次。

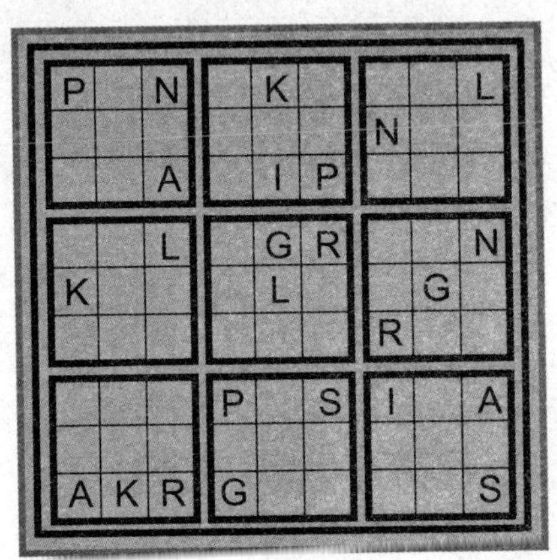

P		N		K				L
						N		
		A		I	P			
		L		G	R			N
K				L			G	
						R		
			P		S	I		A
A	K	R	G					S

008 字母九宫格（2）

在下面的每个格子里填上字母 S，P，A，R，K，L，I，N和G，使得每一横行、每一竖行，以及每个3 × 3的小方框中这9个字母分别出现一次。

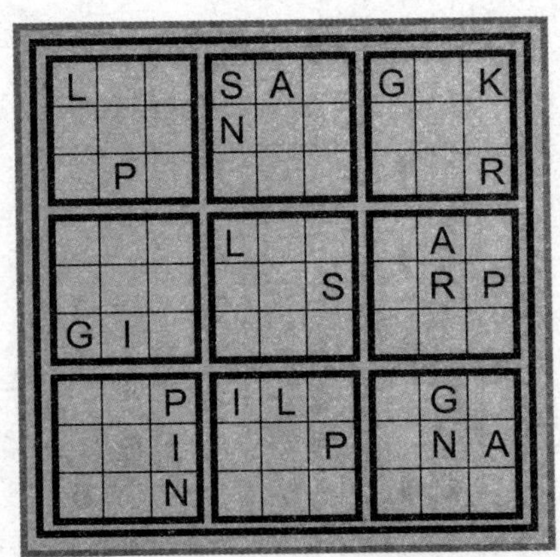

L			S	A		G		K
			N					
	P							R
			L				A	
					S		R	P
G	I							
		P	I	L			G	
		I			P		N	A
		N						

009 字母九宫格（3）

在下面的每个格子里填上字母S，P，A，R，K，L，I，N和G，使得每一横行、每一竖行，以及每个3 × 3的小方框中这9个字母分别出现一次。

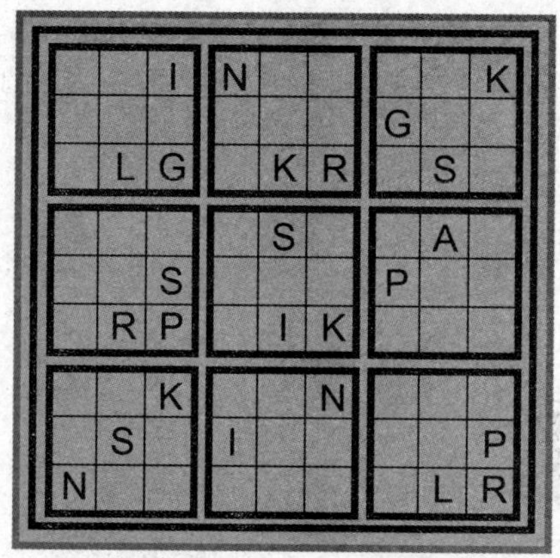

010 折叠

A可以折叠出B，C，D，E，F，G选项中的哪一个？

011 扑克牌（1）

猜一猜，哪张扑克牌可以替换问号完成这道题？

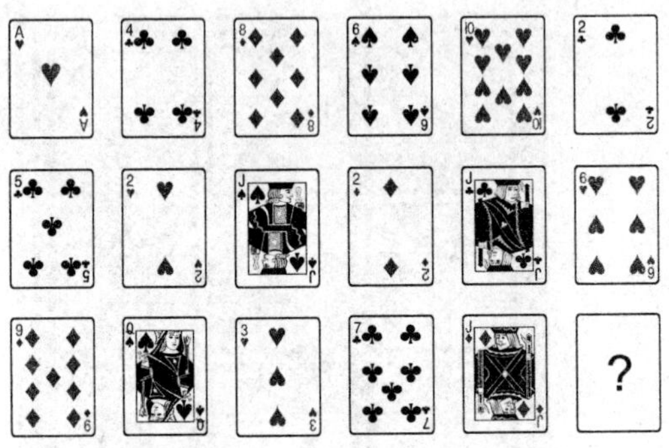

012 扑克牌（2）

想一想，哪张扑克牌替代问号后可以完成这道难题？

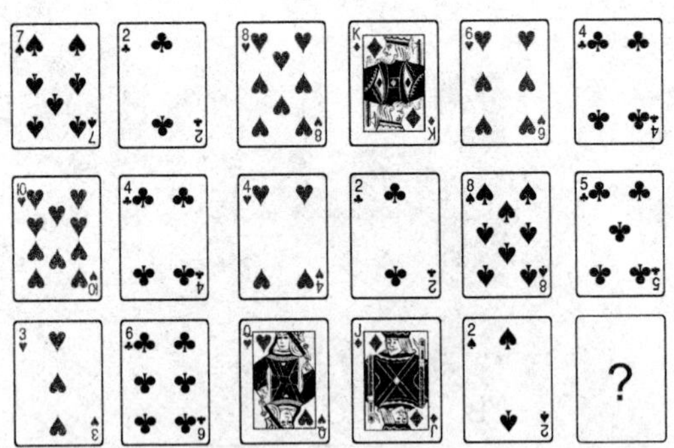

013 逻辑数值

问号处的逻辑数值是多少？

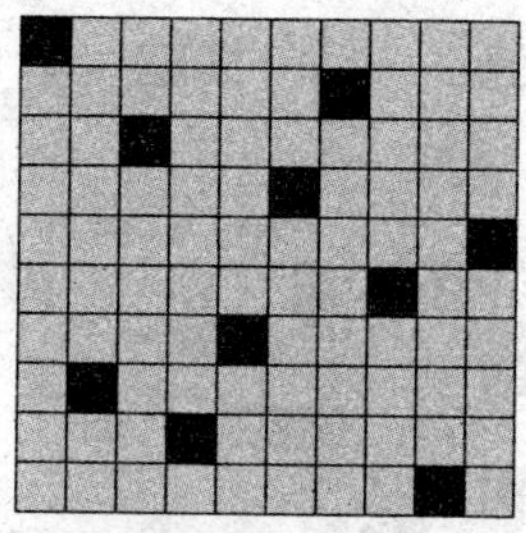

0324924831

3591300652

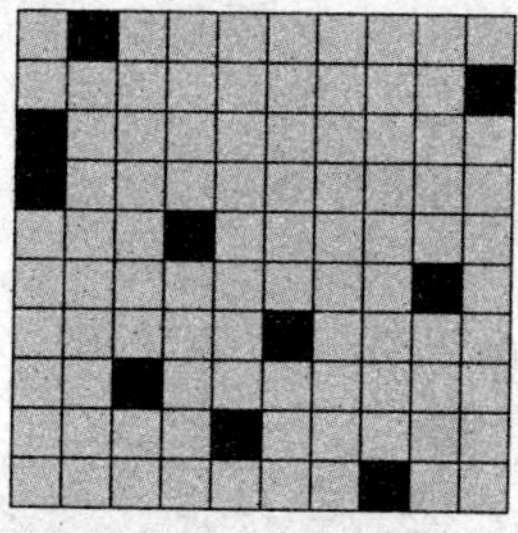

?

014 组合瓷砖

如果按照正确顺序排列，以下瓷砖可以组成1个方形，横向第1排的数字等同于纵向第1列的数字，依次类推。你能成功地组合吗？

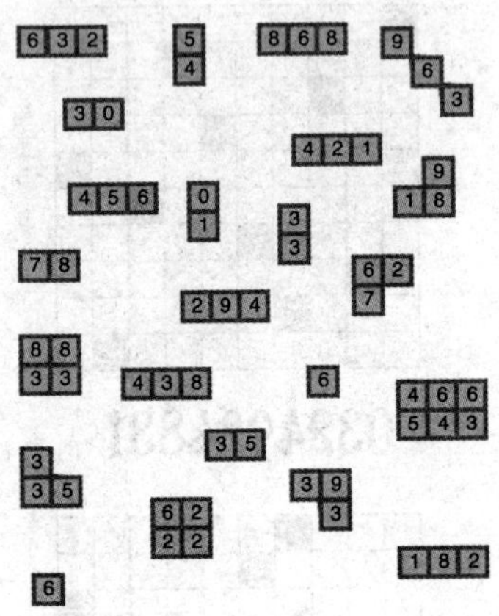

015 帕斯卡定理

下图是液压机的一个模型，从中我们可以清楚地看到它的机械利益(一台机器产生的输出力和应用的投入力之间的比率)。这个液压机有两个汽缸，每个汽缸有一个活塞。

这个模型中：

小活塞的面积是3平方厘米；大活塞的面积是21平方厘米;机械利益为21 ÷ 3 = 7。

请问小活塞上面需要加上多少力，才能将大活塞向上举起1个单位的距离？

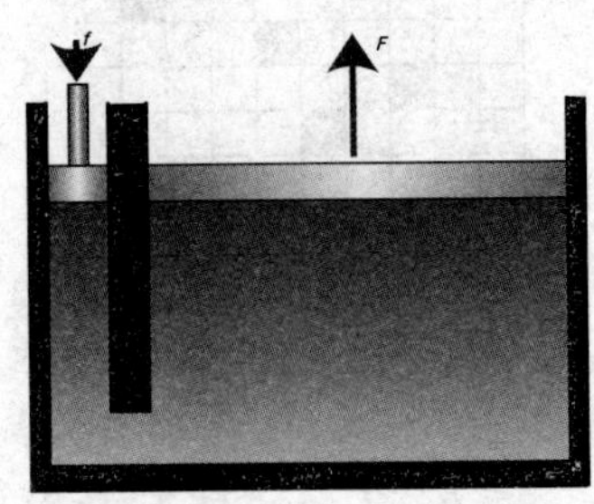

016 画符号

请在空格中画出正确的符号。

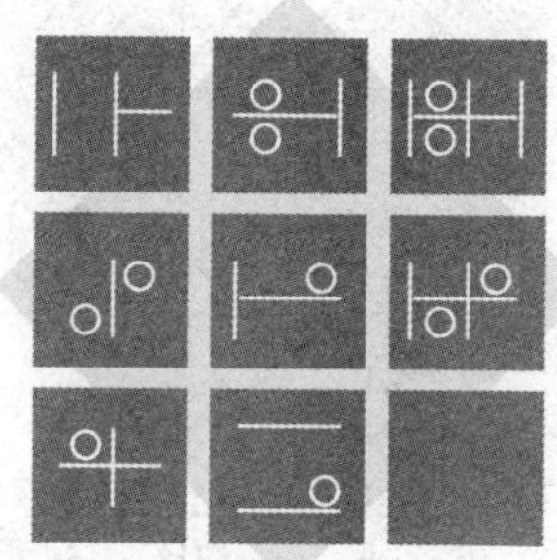

017 柜子里的秘密

我的电脑桌旁边的一面墙上有一些小的木柜子，平时可以放一些小东西，我就把自己的收藏分别放在这些柜子里。放的时候我按照了英文字母的排列顺序，如下图所示，这个顺序能够提示我记住密码。

你能猜出我的密码是什么吗？

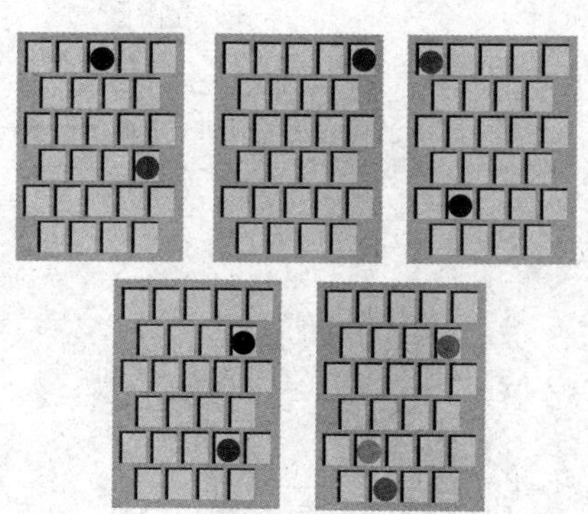

018 连续八边形

哪一个八边形可以继续这个序列？

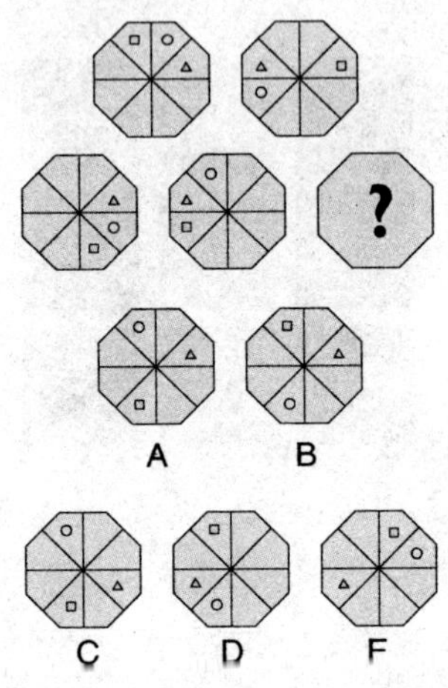

019 洪水警告

根据安装在漂浮物上的这组齿轮，你能推断出洪水警告正确吗？

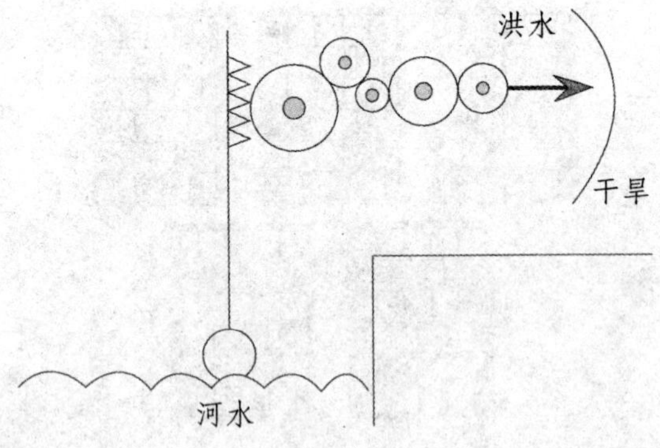

020 字母游戏

下图中标注问号的地方应该填上什么字母？

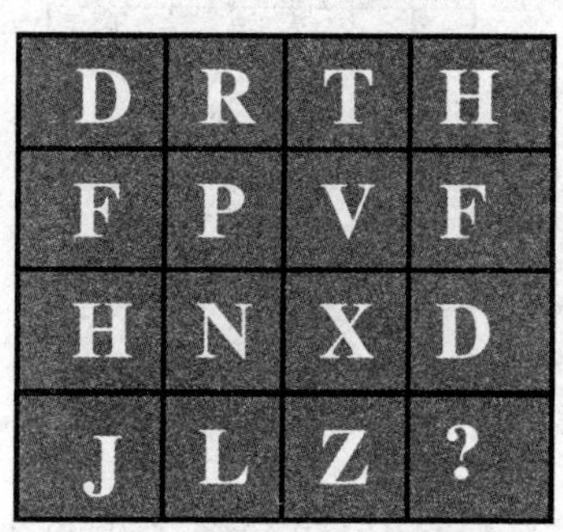

021 下一幅

如图所示，各个图形是按一定顺序排列的，按照这一顺序，接下来的一幅图应该是A，B，C，D，E中的哪一个？

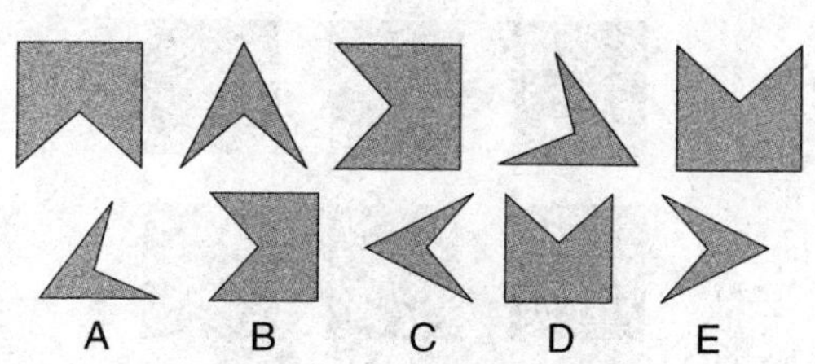

022 归位

6个选项中哪一个可以完成这个问题？

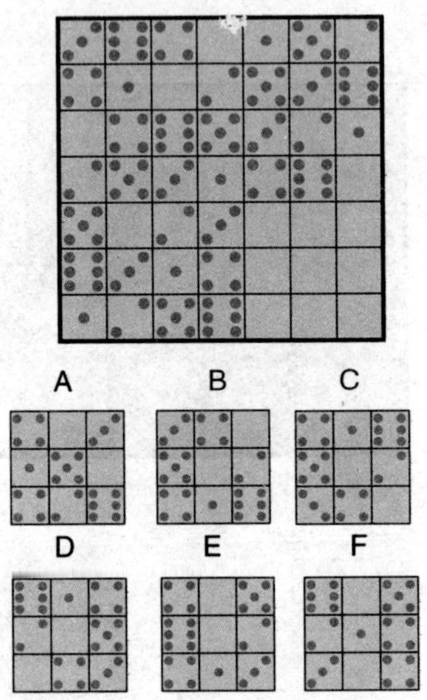

023 填充空格

请在空格中画出适当的图形。

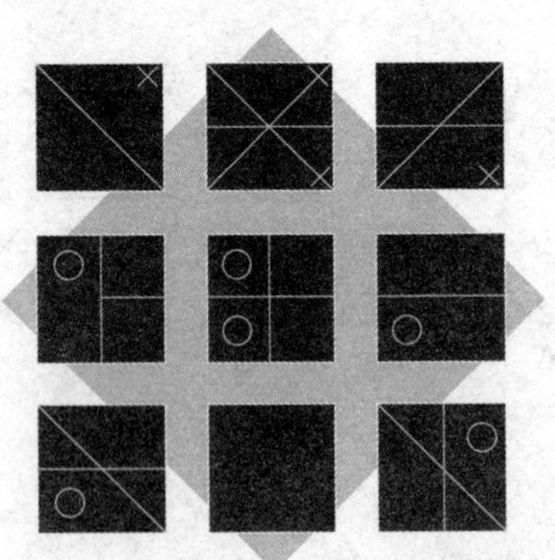

024 树形序列

你能完成这个序列吗？

025 下一个

如何让这个序列进行下去？

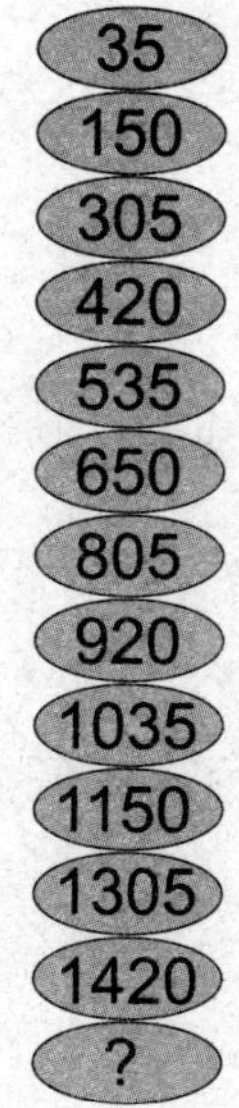

026 铅笔游戏

你能找出这个排列方式中所利用的逻辑关系吗？如果你能够找得出，利用同样的逻辑关系确定出问号处应该是哪个字母。

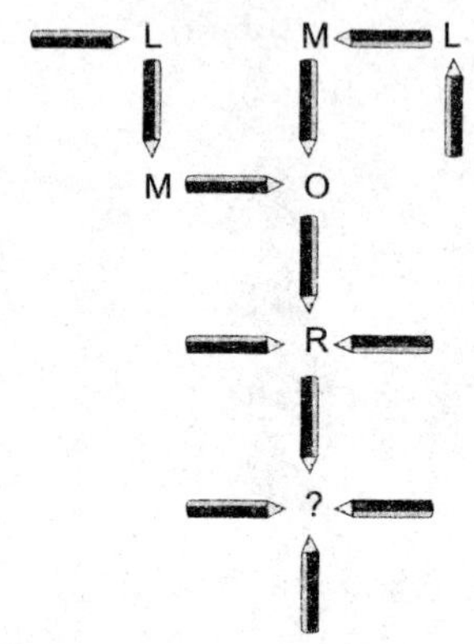

027 外环上的数

找出逻辑关系并填充缺少的数字。

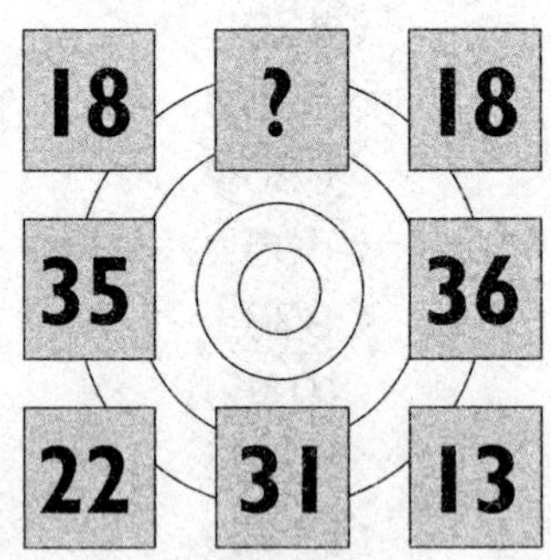

028 恰当的数字（1）

猜猜看，问号处应该填上什么数字？

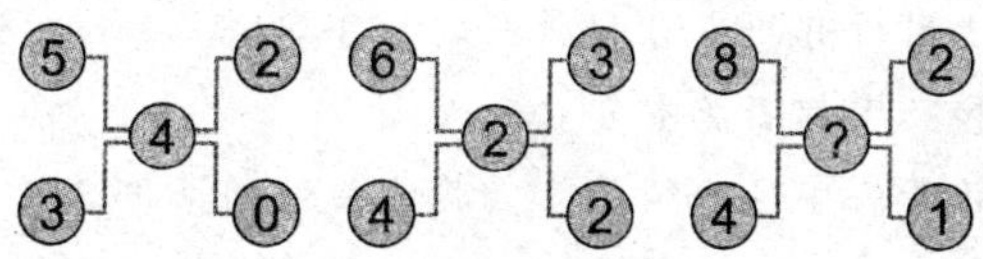

029 恰当的数字（2）

在下图中标注问号的地方填上恰当的数字。

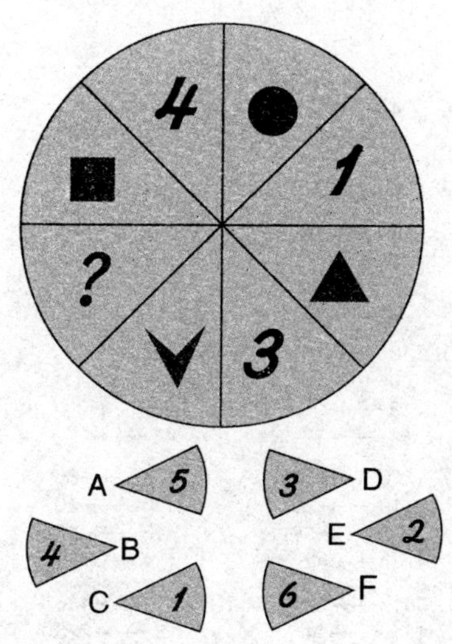

030 密码

一位男士在银行新开了一个账户，他需要为这个账户设定一组密码。按照银行的规定，密码一共有 5 位，前 3 位由字母组成，后 2 位由数字组成。

问：按照下面的条件，密码的设定分别有多少种可能性？

1. 可以使用所有的字母和所有的数字。
2. 字母和数字都不能重复。
3. 密码的开头字母必须是 T，其他条件同条件 2。

031 逻辑数字

你知道问号处应填上什么数字吗。

1.	4 ⟶ 13 7 ⟶ 22 1 ⟶ 4 9 ⟶ ?	2.	6 ⟶ 2 13 ⟶ 16 17 ⟶ 24 8 ⟶ ?
3.	8 ⟶ 23 3 ⟶ 13 11 ⟶ 29 2 ⟶ ?	4.	6 ⟶ 10 5 ⟶ 8 17 ⟶ 32 12 ⟶ ?
5.	18 ⟶ 15 20 ⟶ 16 8 ⟶ 9 14 ⟶ ?	6.	31 ⟶ 12 15 ⟶ 4 13 ⟶ 3 41 ⟶ ?
7.	10 ⟶ 12 19 ⟶ 30 23 ⟶ 38 14 ⟶ ?	8.	9 ⟶ 85 6 ⟶ 40 13 ⟶ 173 4 ⟶ ?
9.	361 ⟶ 22 121 ⟶ 14 81 ⟶ 12 25 ⟶ ?	10.	21 ⟶ 436 15 ⟶ 220 8 ⟶ 59 3 ⟶ ?

11. 5 → 65
2 → 50
14 → 110
8 → ?

12. 15 → 16
34 → 92
13 → 8
20 → ?

13. 5 → 38
12 → 80
23 → 146
9 → ?

14. 7 → 15
16 → 51
4 → 3
21 → ?

15. 36 → 12
56 → 17
12 → 6
40 → ?

16. 145 → 26
60 → 9
225 → 42
110 → ?

17. 25 → 72
31 → 108
16 → 18
19 → ?

18. 8 → 99
11 → 126
26 → 261
15 → ?

19. 8 → 100
13 → 225
31 → 1089
17 → ?

20. 29 → 5
260 → 16
13 → 3
40 → ?

032 恰当的符号

在下图中标注问号的地方填上恰当的选项。

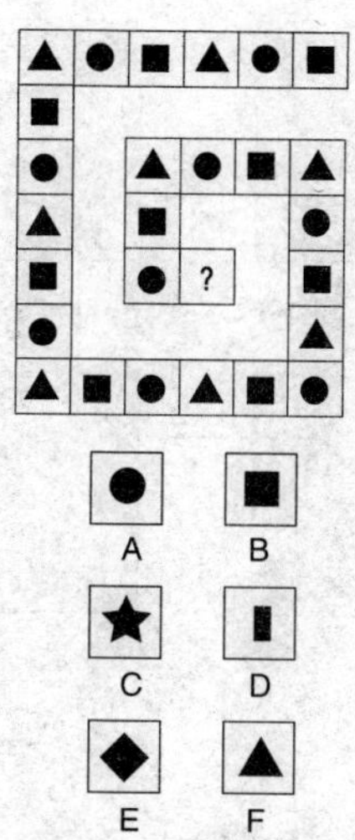

033 解开难题

你能解开这道题吗？

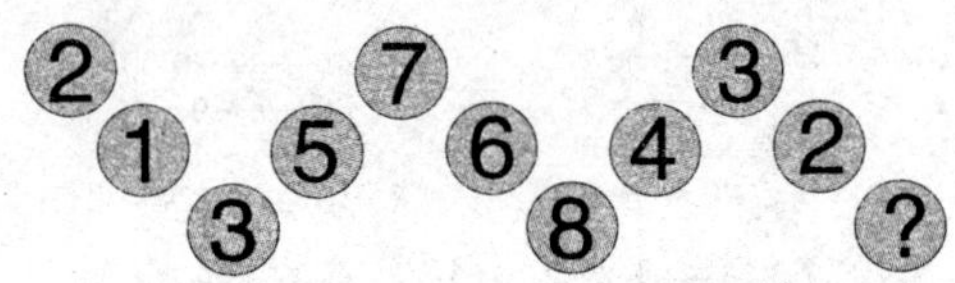

034 最后的正方形

下面5个正方形中的数字，都是按一定规律放进去的，你能找出这一规律并说出最后一个正方形中问号处应填的数字吗？

035 数字盘

你能找出最后那个数字盘中问号部分应当填入的数字吗？

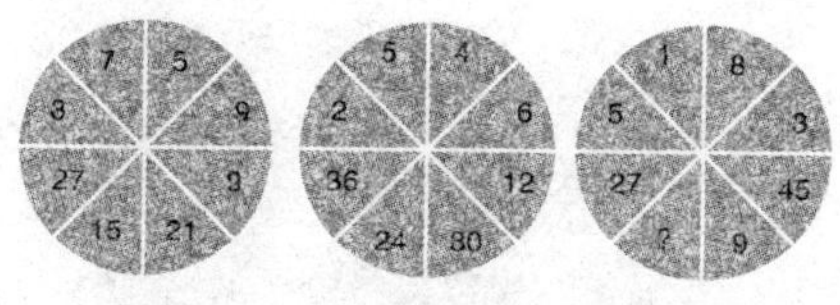

036 图形推理

你能找出最后那个三角形中问号部分应当填入的图形吗？

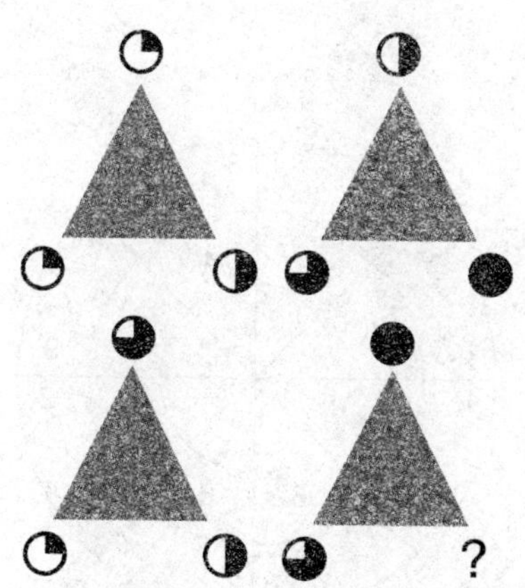

037 缺少的数字

让我们看看这道题，最后那个正方形中缺少什么呢？

038 环形图

你能想出填上什么数字后可以完成这个环形图吗？

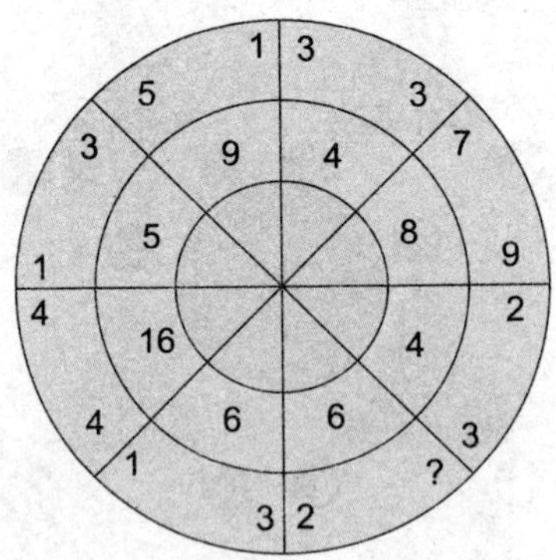

039 滑轮方向

如果齿轮A按照顺时针方向旋转，那么滑轮E将按什么方向旋转呢？

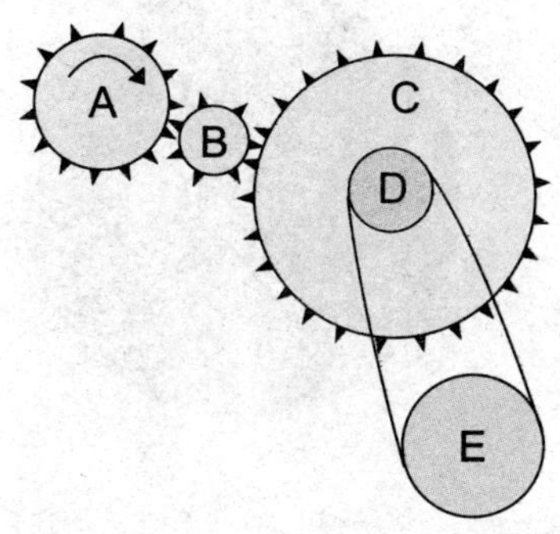

040 填入数字

问号所在位置应该填入什么数字？

39276 : 47195

23514 : 14623

76395 : 95476

29467 : ?

041 轮形图

你能推算出完成这个轮形图需要什么数字吗？

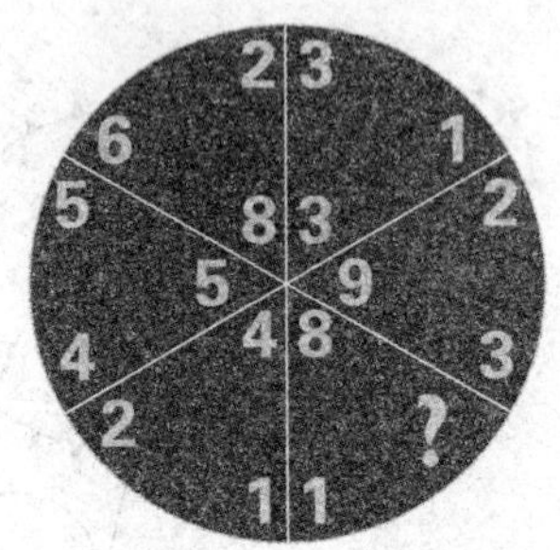

042 城镇

在如图所示的地图中，A，B，C，D，E，F 分别代表 6 个城镇。C 在 A 的南边、F 的东南边，D 在 F 的西南边、E 的西北边。

1. 图中标注 1 处的是哪个城镇？

2. 哪个城镇位于最西边？

3. 哪个城镇位于 A 的西南边？

4. 哪个城镇位于 D 的北边？

5. 图中标注 6 处的是哪个城镇？

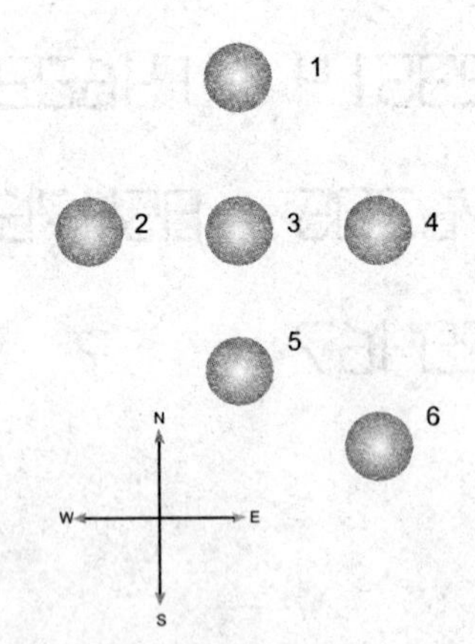

043 空缺图形

这一组图是按照一定的逻辑规律排列的，那么空缺的图形是什么呢？

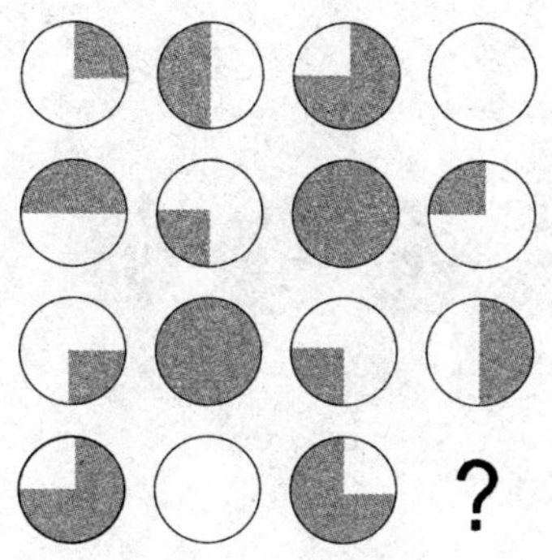

044 数字与脸型

你能推算出问号部分应当填入什么数字吗？

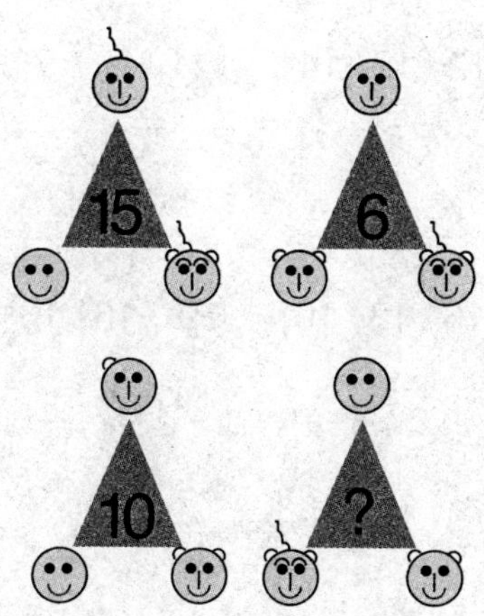

045 青蛙序列

想一想，最后填上什么数字可以承接这组序列？

046 数字难题

什么数字替代问号以后可以完成这道难题？

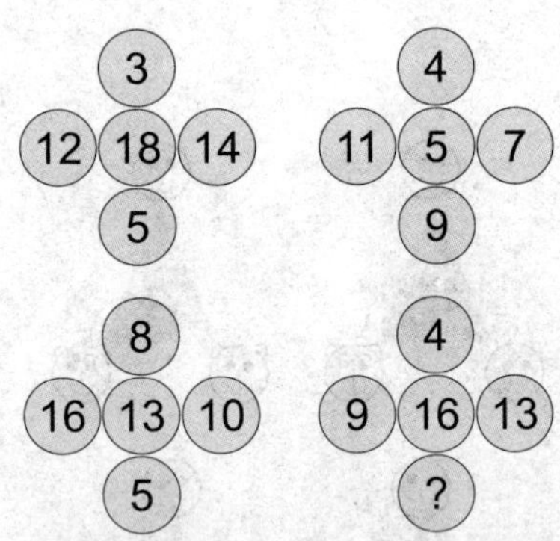

047 数字与图形（1）

数字和图是根据一定的规律组合的。你能算出问号部分应当填入什么数字吗？

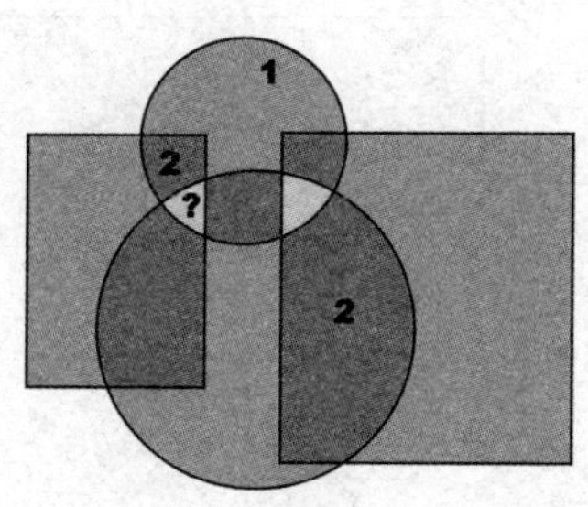

048 数字与图形（2）

你能找出数字与图形之间的组合规律吗？然后指出问号部分应当填入的数字。

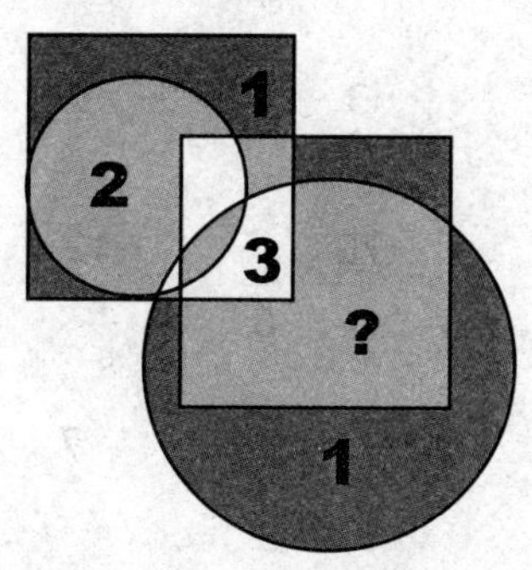

049 曲线加法

将一定的数值绘成曲线，形成了曲线1和曲线2，如果把曲线1和曲线2所代表的数值加在一起，那么4个选项中哪一个将会是图表组合之后所形成的样子呢？

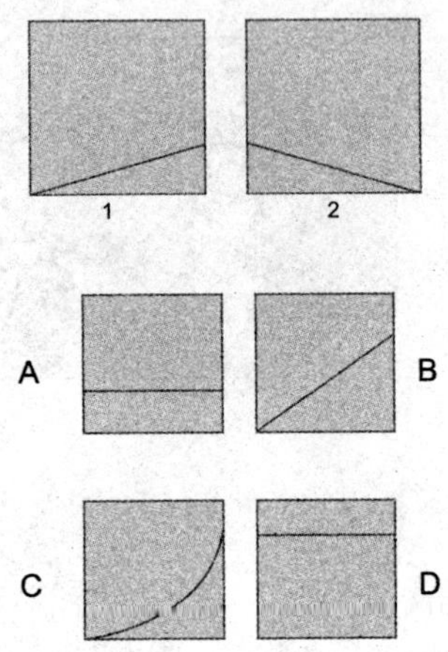

050 数学公式

4个三角形之间是通过1个简单的数学公式联系在一起的。你能找出其中不同的1个吗？

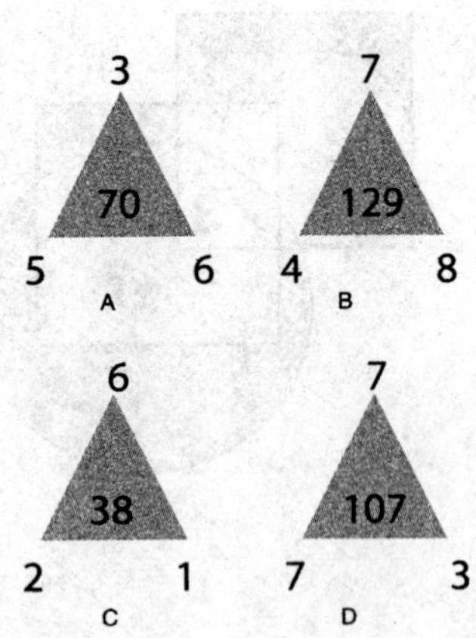

051 对应的数字盘

如果A对应于B，那么C对应于D、E、F、G中哪一个数字盘？

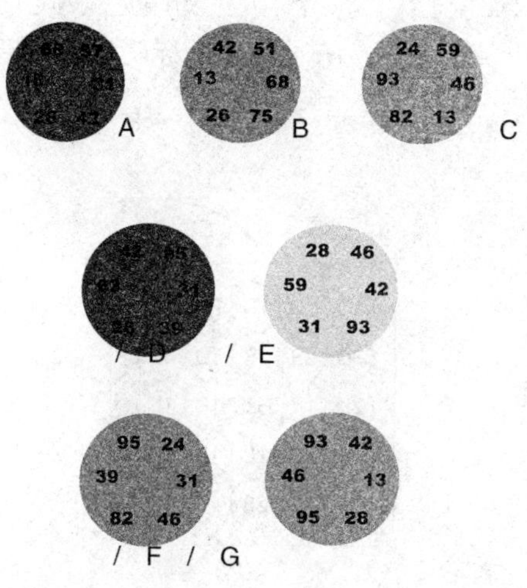

052 下一个图形

下一个图形是什么呢？

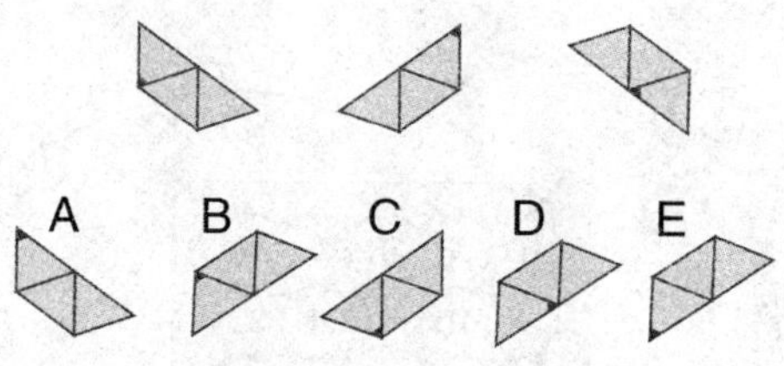

053 按键（1）

要解除这个爆炸装置，你必须按正确的顺序按键，一直按到“按键”这个钮。

每个键你只能按1次，标着“U”字母的代表向上，“D”代表向下，“L”表示向左，“R”表示向右。键上所标明的数字是你需要迈的步数。

请问你第1个按的应该是哪个键？

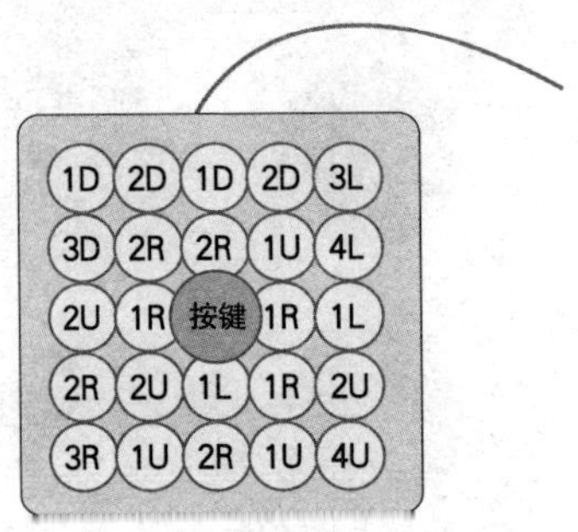

054 按键（2）

要解除这个爆炸装置，你得按照正确的顺序依次按键，直到按下“按键”这个键。键上注有U的表示向上，D表示向下，L表示向左，R表示向右。而每次该走几步键上也都作了指示。注意每个键只能按1次。请问首先应该按哪个键？

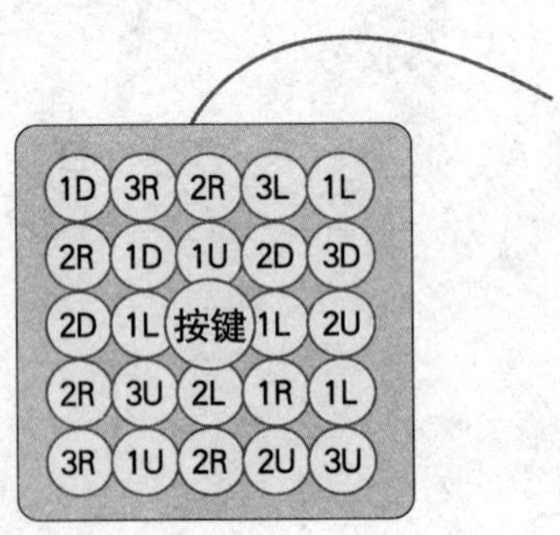

055 数值

如果图形 A 代表数值 6，那么图形 B 代表哪个数值？

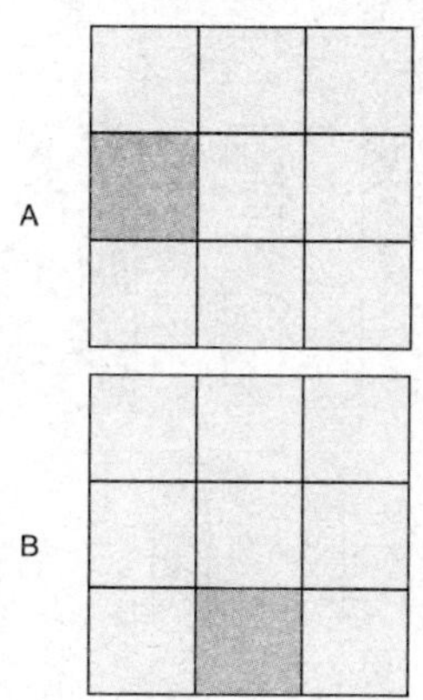

056 序列格

序列格是由一些顺序相互关联的内容所组成的。这里就有两个范例。

在第1个正方形中，所遵循的顺序是将格子里的数字依次一分为二。而第 2 个正方形中列举的是 1 个字母序列，这些字母之间都隔着 1 个本应存在于二者之间的字母（但该字母并未出现）。请问第 3 个正方形中问号处所缺失的是什么？

512	256	128
64	32	16
8	4	2

A	C	E
G	I	K
M	O	Q

□	□	○	□	○
△	□	○	△	△
□	○	△	△	○
□	○	△	△	○
○	□	○	△	?

057 延续数列

观察这几列数字，哪个选项可以继续这个序列？

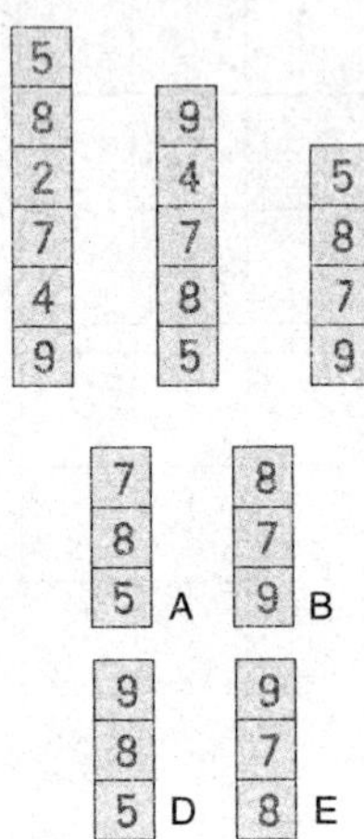

058 符合规律

A，B，C，D中哪项符合第1行接下来的排列规律？

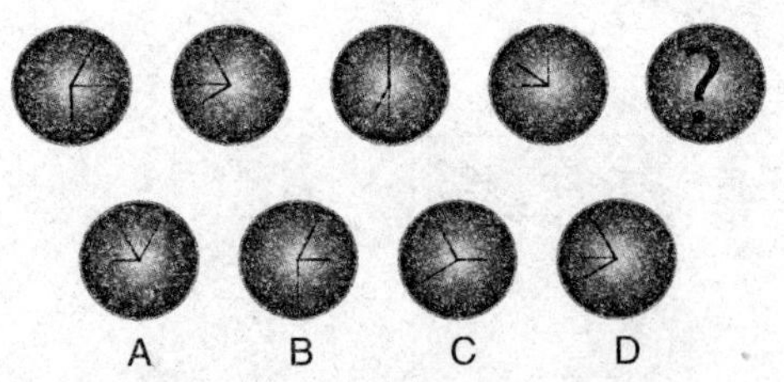

059 逻辑表格

运用第1个表格的逻辑，完成第2个不完整的表格。

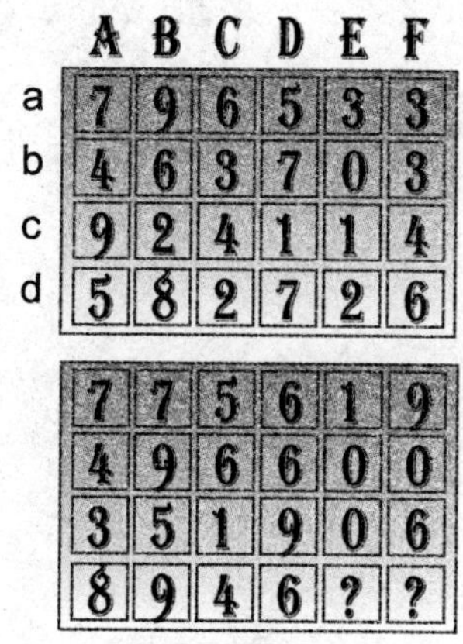

	A	B	C	D	E	F
a	7	9	6	5	3	3
b	4	6	3	7	0	3
c	9	2	4	1	1	4
d	5	8	2	7	2	6

7	7	5	6	1	9
4	9	6	6	0	0
3	5	1	9	0	6
8	9	4	6	?	?

060 数字箭头

问号处的数字应是多少？

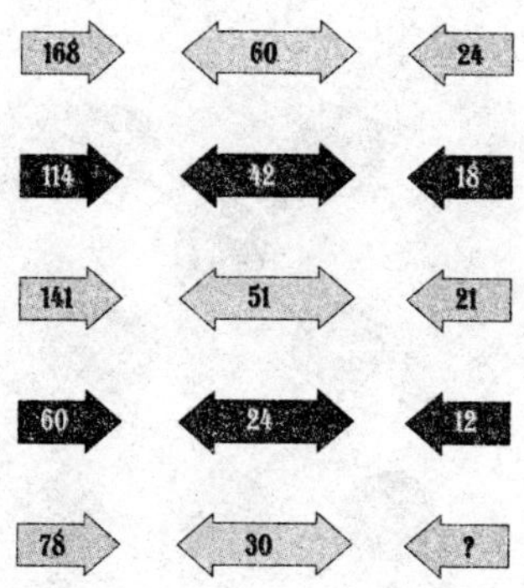

061 规律移动（1）

下图四周圆圈里的每个线条和图形都按以下规则移动到中间的圆圈里——如果某个线条或图形在周围的圆圈里出现了1次：移动；2次：可能移动；3次：移动；4次：不移动。A，B，C，D或E，哪个圆圈应该放在问号处？

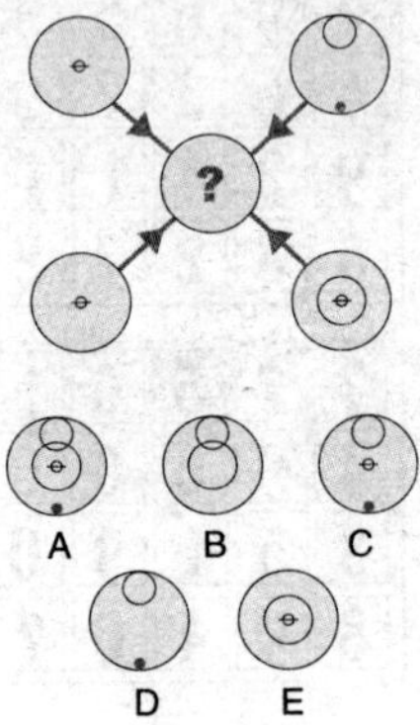

062 规律移动（2）

下图四周圆圈里的每个线条和图形都按以下规则移动到中间的圆圈里——如果某个线条或图形在周围的圆圈里出现了1次：移动；2次：可能移动；3次：移动；4次：不移动。A，B，C，D或E，你认为哪个选项应该放在问号处？

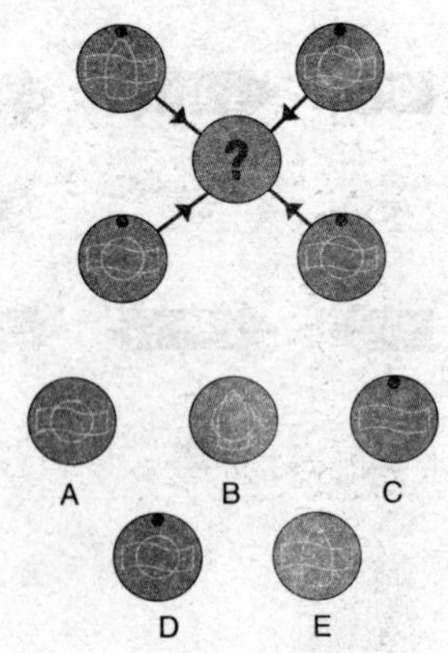

063 神奇的规律

以下数字盘中存在着一个神奇的规律。你能找出该规律，并且指出问号部分应当填入什么数字吗？

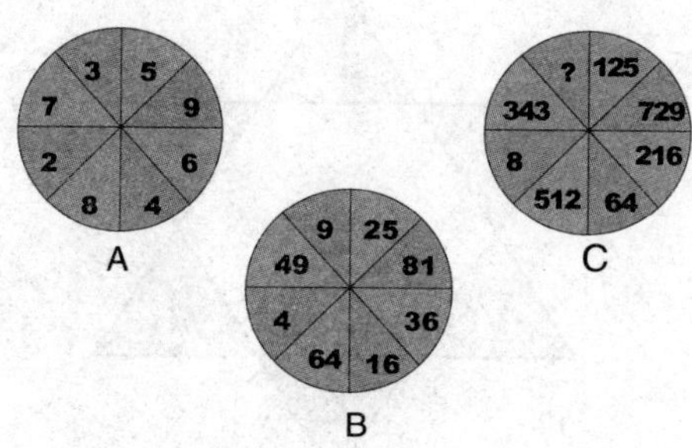

064 插入数字块

插入某组数字组合使得下表中所有横排、竖排和对角线的数字之和都为 49。请问该插入的是哪个选项？

12	21	30	-17	-8	1	10
20	29	-11	-9	0	9	11
28	-12				17	19
-13	-4				18	27
-5	-3				26	-14
3	5	14	23	25	-15	-6
4	13	22	31	-16	-7	2

10	-1	8
-2	7	16
6	15	24

A

-10	-1	8
2	7	16
6	15	24

B

-10	8	-1
-2	7	16
6	15	24

C

-10	-1	8
-2	7	16
6	15	24

D

065 字母六角星

下面图中的问号部分应该填入什么字母？

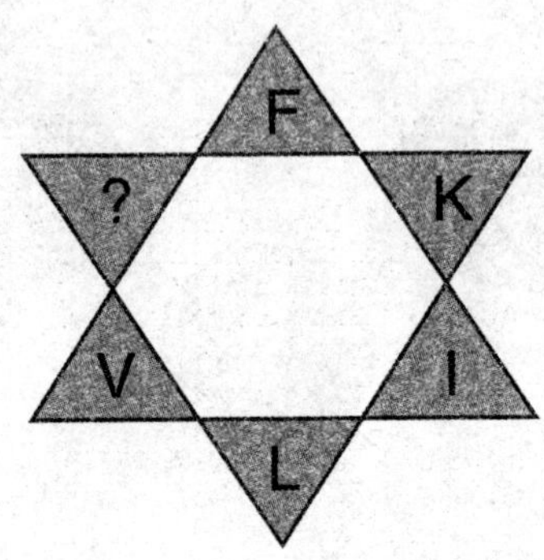

066 十字补白

A，B，C，D，E 选项中哪个可以放在空白处？

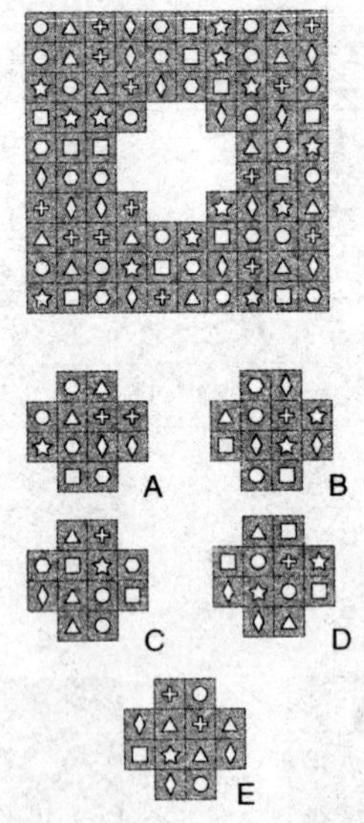

067 半圆图标

格子中的图标是按照一定的规律排列的。当你发现其中的规律时，你就能够将空白部分正确地补充完整了。

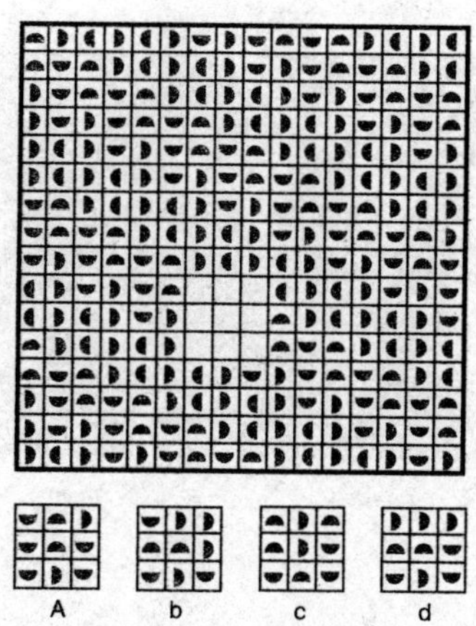

068 红绿灯

哪一个选项可以接在题目所示图形的后面？

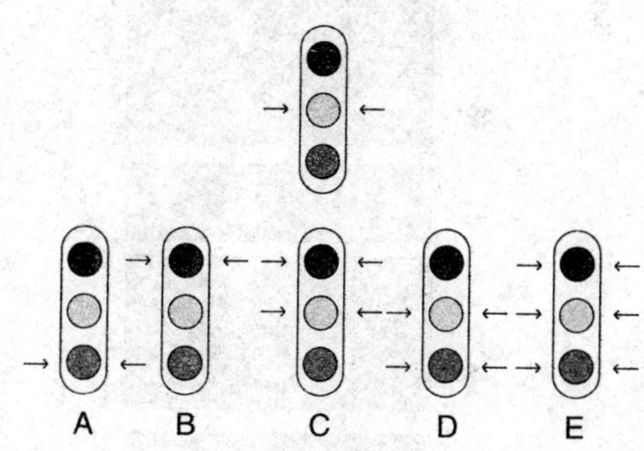

069 滚动的色子

让色子滚动一面，到方框2里面，依此类推，每次滚动一面，依次滚到方框3，4，5，6中。想一想，在方框6里面色子顶上点的数是几？

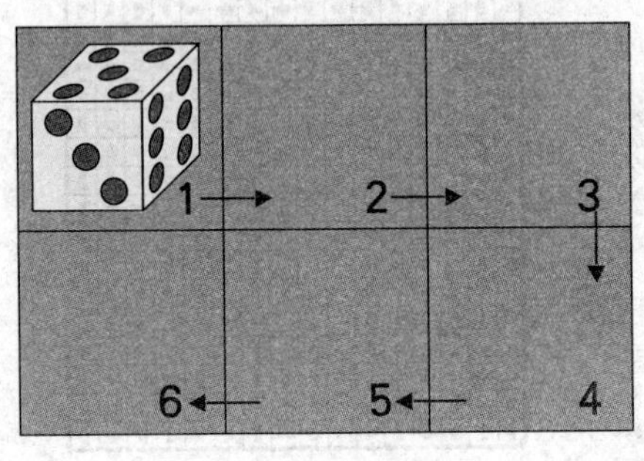

070 放置标志

每个标志代表1个不同的数字。你能通过重新放置代表数字的每个标志同样组成这个和吗？

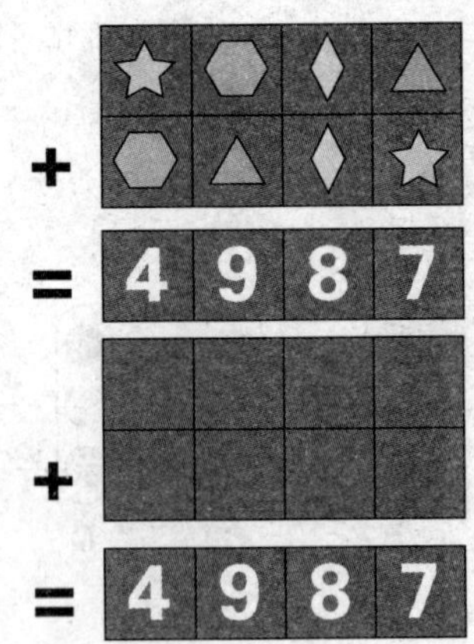

071 实验

如图所示，把一根点燃的蜡烛放在一个装有水的容器里，再在蜡烛上面罩上一个玻璃瓶。

你能预测一下，这个实验最终会出现什么结果吗？

072 拖拉机

下图中的时间和拖拉机下面的数字存在一定的规律，你能找到这一规律并求出问号代表的数字吗？

第五章

分析力

001 男孩女孩

5个人排成1行，5个人中有男孩也有女孩，但是男孩和女孩各自的人数不确定，问有多少种排列方法可以使每个女孩旁边至少有1个女孩？

002 数字狭条

你能不能把这个图案分成 85 条由 4 个不同数字组成的狭条，使得每个狭条上的魔数都等于 34？

用数字 1~16 组成和为 34 的四数组合共有 86 种。下边的网格图中只出现了 85 条。你能把缺失的那条找出来吗？

1	4	14	15	1	3	5	12	14	14	4	7	11	12	3	13	2
12	13	4	5	6	10	16	3	5	7	2	16	9	7	6	8	10
11	8	1	14	12	16	5	2	11	9	1	7	12	14	10	3	7
10	9	13	2	15	5	6	16	7	4	2	9	11	12	15	10	15
13	6	3	15	8	9	2	3	2	6	3	3	7	8	16	4	1
7	11	7	4	16	8	6	8	5	7	6	13	16	1	4	7	6
8	9	9	2	5	12	15	9	13	10	11	12	1	3	8	10	11
6	8	15	16	6	10	2	14	14	11	14	1	10	9	14	13	16
2	8	11	13	4	11	7	1	15	4	2	1	3	2	6	11	15
6	7	9	12	9	15	3	14	2	6	7	5	9	5	7	9	13
3	7	11	13	10	1	16	10	7	9	11	13	10	1	3	14	16
3	7	10	14	11	2	8	10	14	15	14	15	12	5	8	9	12
3	4	14	2	5	6	10	13	4	3	4	7	2	6	12	14	5
8	13	6	7	2	3	13	16	5	6	11	8	13	9	11	1	8
11	9	10	12	3	5	11	15	11	12	6	9	14	6	13	1	10
12	8	4	13	1	2	15	16	14	13	13	10	5	6	9	14	11
4	16	12	2	12	4	8	1	14	3	13	4	5	5	6	8	15
3	4	11	16	5	12	1	16	4	15	12	3	7	2	4	13	15
12	11	1	10	1	8	10	9	10	5	4	15	8	5	7	10	12
16	3	9	6	16	10	15	8	6	11	5	12	14	4	5	9	16

003 移动的数字

从左上角的圆圈开始顺时针移动，求出标注问号的圆圈里应该填上的数字。

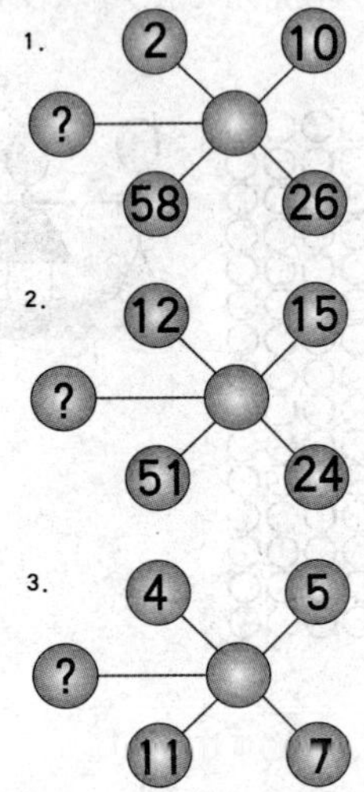

004 合适的长方形

问号所在位置应该填入选项中的哪个长方形？

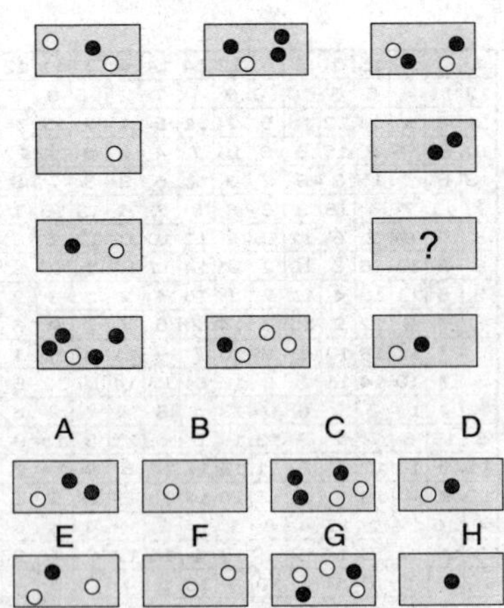

005 数字板游戏

如图所示，把数字 1~4、1~9、1~16、1~25 分别放进 4 个游戏板中，使每个圆中的数字都大于其右侧与正下方相邻的数字，你能做到吗？

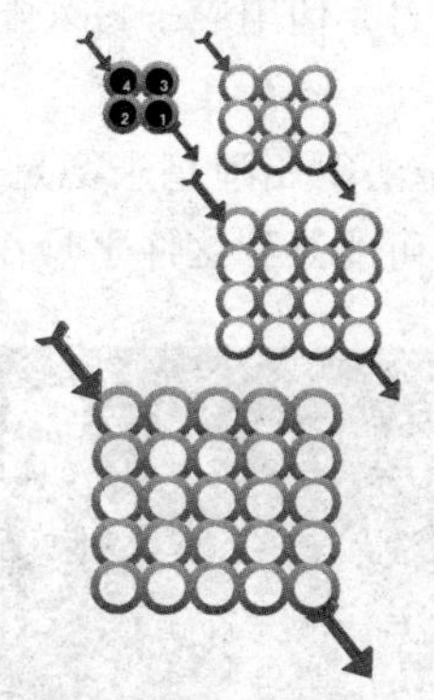

006 液体天平

上图：天平是平衡的。天平左端是一个装满水的容器，而右端是一个重物。

下图：重物从天平的右端被移到左端，而且该重物完全浸入容器中的水里面。

很明显现在左端要比右端重。

请问：为了继续保持天平的平衡，现在天平的右端应该放上多重的物体？

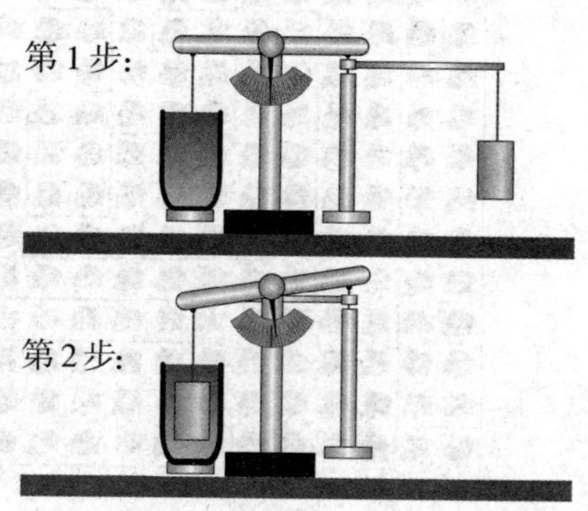

007 阿基米德的镜子

伟大的希腊数学家阿基米德富于想象力地将镜子用于许多创造发明中。根据古代著作，他最杰出的功绩就是在公元前 214 年罗马舰队围攻西西里岛城市叙拉古时，他用镜子将太阳光集中反射到罗马船只上并使其着火。

我们可能永远都无法得知阿基米德是否成功地用镜子保卫叙拉古免受侵略。但是，他有可能办到这件事吗？

008 篱笆周长

老园丁林肯去世的时候，留给每个孙子19个玫瑰花丛。这些孙子，Agnes（A）、Billy（B）、Catriona（C） 和Derek（D）彼此憎恨，因此准备如图所示在各自的玫瑰丛外围上篱笆。那么，谁的篱笆周长将是最长的呢?

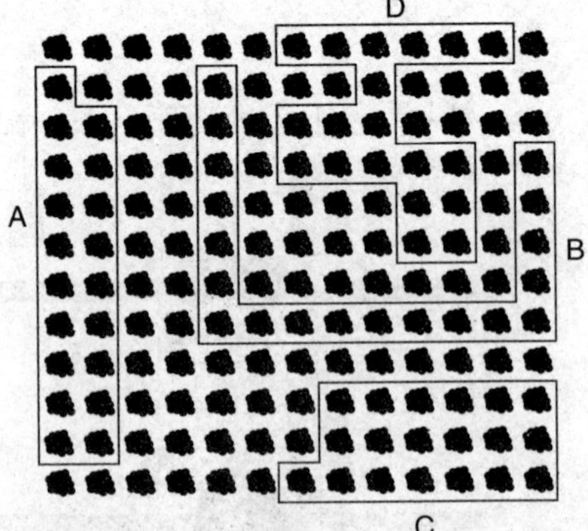

009 落水的铅球

如图所示，水池的边上有一个铅球，这个铅球有可能直接掉到水池里，也有可能掉到水池中的汽船里。

问掉到水池里和掉到汽船里哪一种情况下水池的水面会上升得更高一些？

010 升旗与降旗

如果最下面的齿轮按逆时针方向旋转，那么最上方的旗子是会上升还是会下降呢？

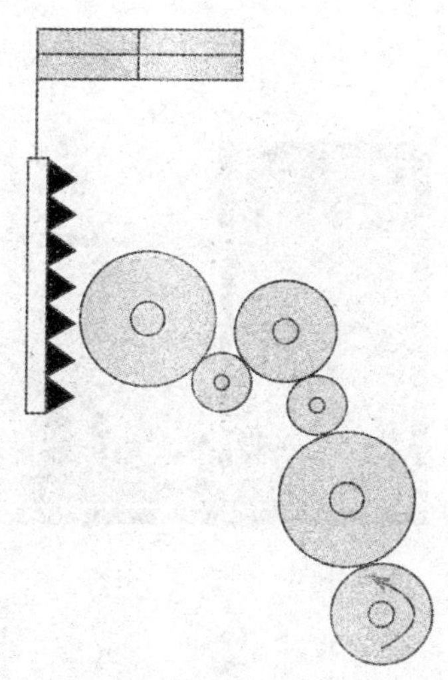

011 不一样的时间

找出和其他不同的一项？

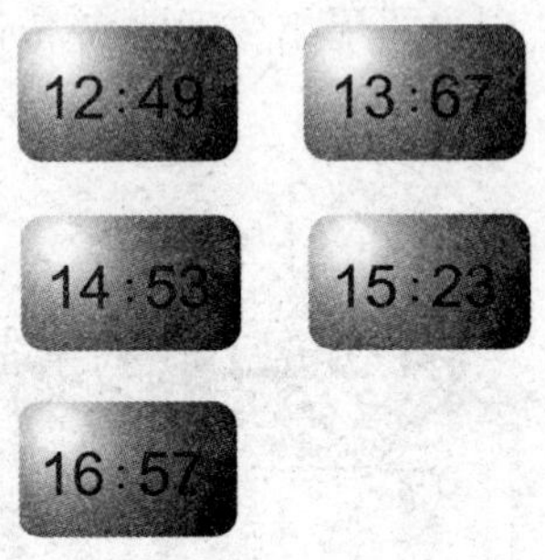

012 火柴光

想象这 3 个房间的墙上（包括地板和房顶）都铺满了镜子。房间里一片漆黑。

某个人在最上面的房间里划了一根火柴。那么，右边房间里抽烟斗的人能看到火柴燃烧的映像吗？

013 地板

下图中缺少的那块地板应该是哪种样子？

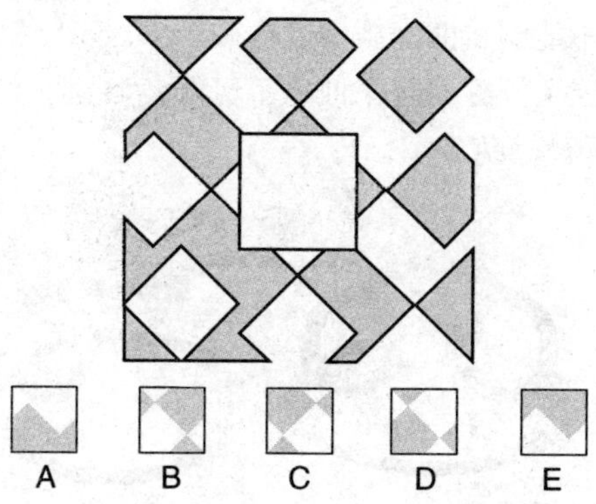

014 蛋卷冰激凌

现在有 1 个 3 层的蛋卷冰激凌，这 3 层的口味分别是草莓、香草和柠檬。请问你拿到这个冰激凌从上到下的口味排列正好是你最喜欢的顺序的概率是多少？

015 图形转换

这两个图形是拓扑等价的吗？

也就是说，假想这两个图形是用橡皮做成的，你可以任意地弯曲或拉伸，但是不能够将曲面撕裂或割破，那么可以将左边的图形变成右边的图形吗？这个问题看起来似乎不可能，但是事实上是可以做到的。

那么应该怎样变呢？

016 保持平衡

根据规律，找出可以使第 3 个天平保持平衡的图形。

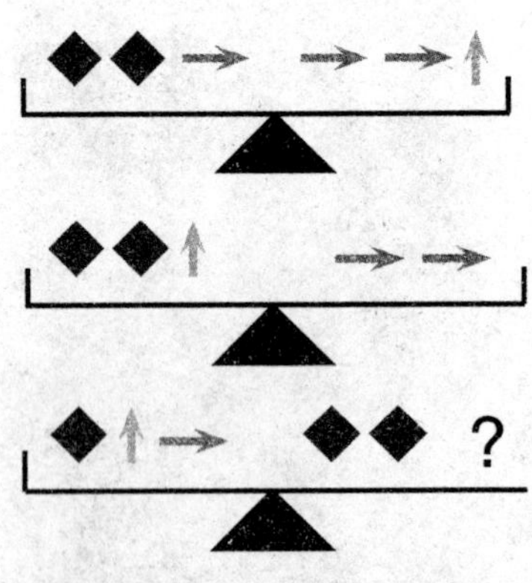

017 圣诞节风铃

这个风铃重 144 克（假设绳子和棒子的重量为 0）。

你能计算出每个装饰物的重量吗？

018 双色珠子串

有红色和蓝色 2 种颜色的珠子，每种珠子各 10 颗。将这些珠子排成一串，这一串的第 1 颗珠子是红色的。

现在我们把这一串中连续的几颗珠子称为 1 个“连珠”。连珠的长度取决于它所包含的珠子的颗数。

含 2 颗珠子的连珠我们称为“二连珠”。问可能有多少种二连珠？

含 3 颗珠子的连珠我们称为“三连珠”。问可能出现多少种三连珠？

含 4 颗珠子的连珠我们称为“四连珠”；含 5 颗珠子的就是“五连珠”，依此类推。也就是说，含 n 颗珠子的连珠我们称为“n 连珠”。

如果要求一串珠子全部由二连珠组成，且整串珠子中不能出现 2 个一模一样的二连珠，问这串珠子最长为多少？

如果要求一串珠子全部由三连珠组成，且整串珠子中不能出现 2 个一模一样的三连珠，问这串珠子最长为多少？

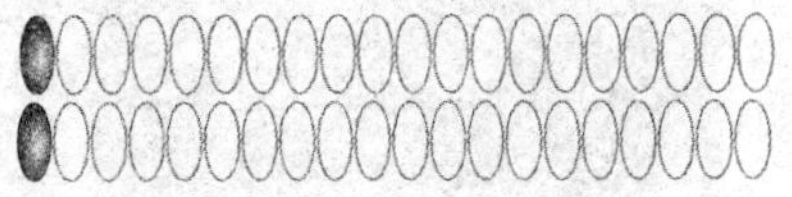

019 发射炮弹

如果这 3 门大炮在同一时间开火。最上方的大炮沿着地平线在同一高度平行发射，左下方的大炮与地平线成 45° 角发射，右下方的大炮与地平线成 90° 角发射。

哪一个炮弹最先接触到地面？剩下的将以什么顺序降落？

020 最近距离

我有 10 个朋友住在同一条街上，如图所示。现在我想在这条街上找出某个地点，使这一点到 10 个朋友家的距离最近。请问这个点应该在哪里呢？

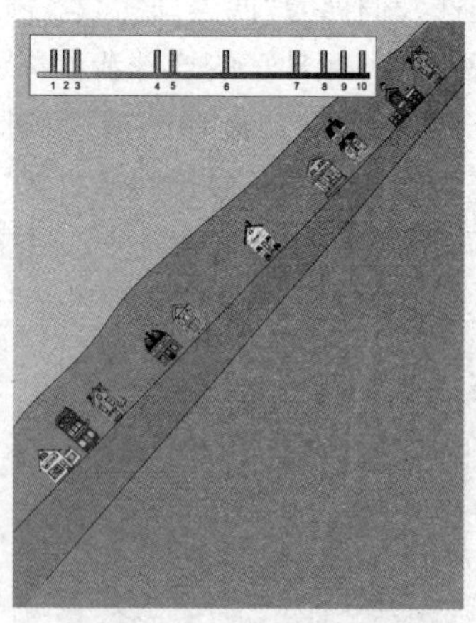

021 左撇子，右撇子

一个班级里的学生有左撇子、右撇子，还有既不是左撇子也不是右撇子的学生。在这道题目里，我们把那些既不是左撇子也不是右撇子的学生看作既是左撇子又是右撇子。

班上1/7的左撇子同时也是右撇子，而1/9的右撇子同时也是左撇子。

问班上是不是有一半以上的人都是右撇子？

022 桌球

台球击中了球台边的缓冲橡皮垫，即图中箭头所标示的点位。如果这枚台球仍有动力继续滚动，那么最后它将落入哪个球袋呢？

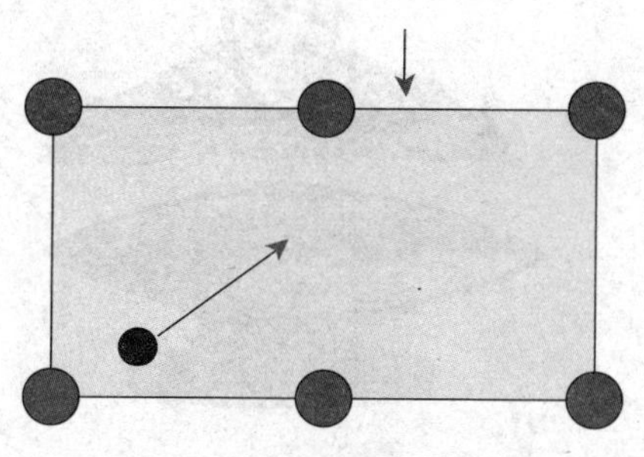

023 面积关系

如图所示，大圆半径是小圆半径的 2 倍，请问红色、蓝色和绿色部分的面积之间有什么关系？

024 海市蜃楼之碗

你可能见过用两面凹面镜组成的“海市蜃楼之碗”。

放在“碗”的底部的 1 枚硬币或者其他小物体会被反射，并且如图所示被观察到在顶部漂浮。

这个令人难忘的视错觉是由反射产生的，那么有几次反射呢？

025 F在哪里

在这幅图中，每个数字代表一个字母。如果A只能和B相连，C和D相连，C只能与A 、E相连，那么F应该放在哪里?

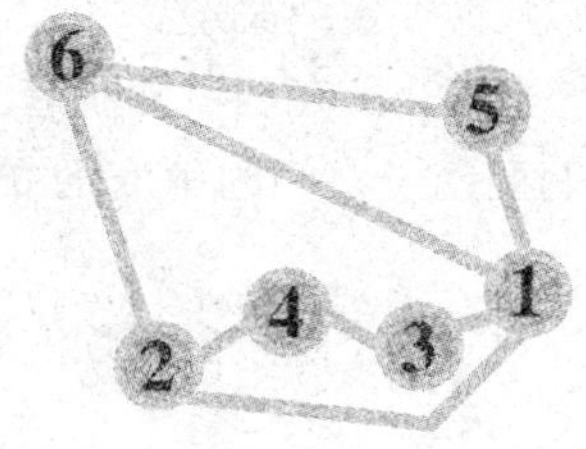

026 过桥

一座桥将在17分钟内崩坍。4个徒步旅行者必须在黑夜里穿过这座桥。他们只有一把手电筒，一次最多两个人可以穿越此桥，但是必须把手电筒带回来。

每个旅行者走路速度不同，第1位只要1分钟，第2位2分钟，第3位5分钟，第4位要花10分钟。任何一对旅行者穿越此桥，必须以最慢的那位速度来计算。举例来说，第1位旅行者与第3位同时过桥则需要5分钟。

你能找到解决方案吗?

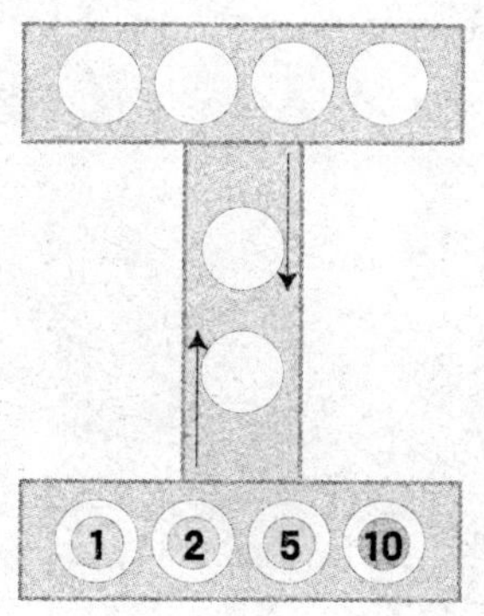

027 成角度的镜子

假设有两面以铰链衔接的平面镜，以成对的彩线所成的角度摆放。

这个铰链衔接的镜子有几个值得注意的效果。

首先，惯常的左右互换现象消失了。

其次，你只需要一个很小的东西就能制造出一个万花筒。

最后，通过改变两面镜子之间的角度,你能使被反射的物象加倍并且增多。

你能从不同角度找到多少个燃烧的蜡烛的像（包括原物像）？

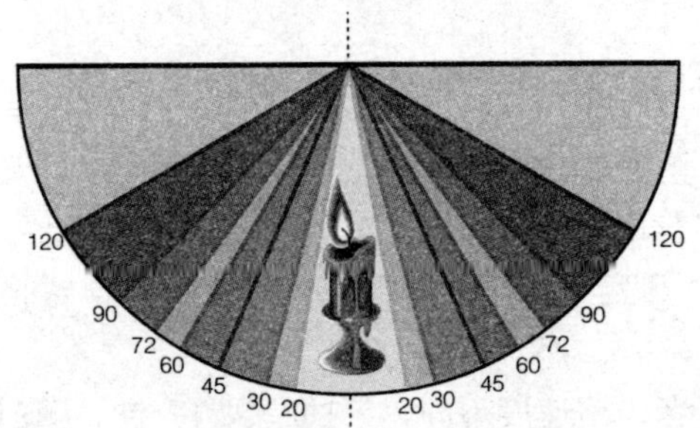

028 乘客的方向

火车正沿着AB方向前行。一位乘客在火车车厢的一侧沿着AC方向往前走。以地面为参照物，这位乘客正沿着哪个方向往前走呢：1，2，3还是4？

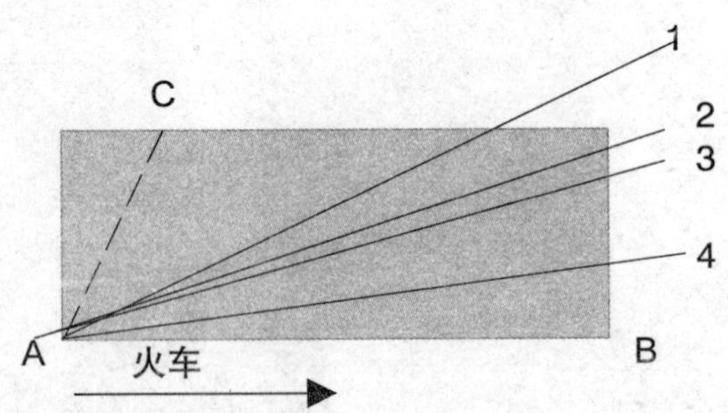

029 恰当的字母

猜一猜，哪个字母替代问号以后可以完成这道题？

13	INC	2
6	QRG	7
4	DOM	8
7	SUI	7
8	AD?	2

030 齿轮

假设 A 齿轮和 D 齿轮都各有 60 个齿，B 齿轮有 30 个齿，而 C 齿轮有 10 个齿。如果 B 齿轮每分钟进行 20 次完整的转动，那么哪一个齿轮的旋转会快一些呢，是 A 齿轮还是 D 齿轮？

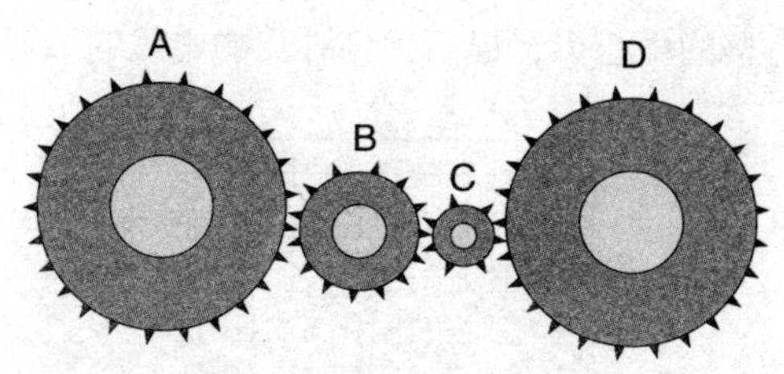

031 路线

从最顶端的数字开始，找出一条向下到达底部数字的路线，每次只能移一步。

1. 你能找出一条路线，使路线上所有数字之和为 130 吗？
2. 你能找出两条分开的路线，使路线上的数字之和为 131 吗？
3. 路线上可能的最大值是多少，你走的是哪条 / 些路线？
4. 路线上可能的最小值是多少，你走的是哪条 / 些路线？
5. 有多少种方式可以使值为 136，你走的是哪条 / 些路线？

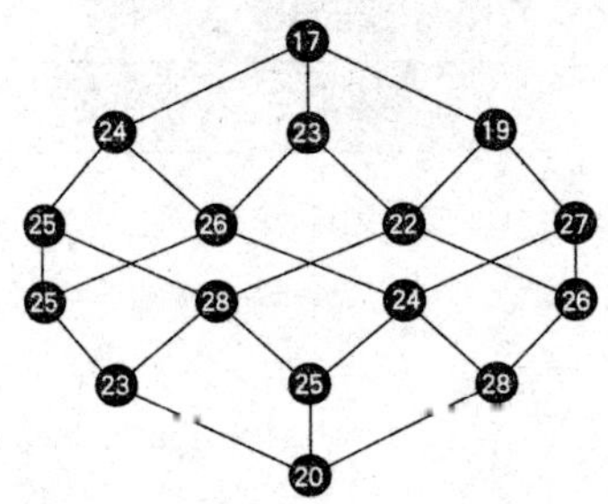

032 最短接线长度

每个小方格的边长为 1 厘米，两个相邻小方格中心点的距离等于 3 厘米。每当电线改变方向时，必须在小方格的角上绕一圈，而这道工序需要耗费 2 厘米的电线。不准沿对角线进行连接。假设 B 点与最近的小方格中心点连接时要耗用 2 厘米电线，你能不能算出始于 B 点，通过所有 64 个小方格的中心点，最后接到 A 点的电线的最短接线长度。

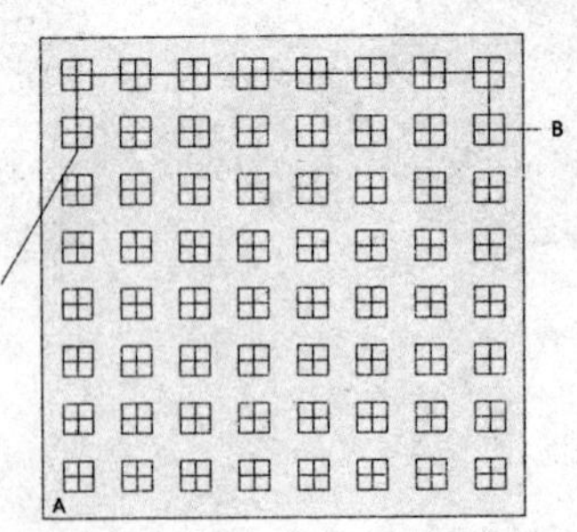

033 监视器

这个形状奇怪的美术馆里一共有 24 堵墙，在美术馆里的任何一个角落都可以安放监视器。在下图中，一共安放了 11 台监视器。

但是，监视器的安装和维护都非常昂贵，因此美术馆希望安放最少的监视器，同时它们的监视范围必须覆盖到美术馆的每一个角落。问最少需要安放几台？

034 欧几里得平面

请问你能不能用折纸的方式来证明欧几里得平面里的三角形内角和等于180°？

有没有这样的平面，在该平面上的三角形的内角和大于或是小于180°？

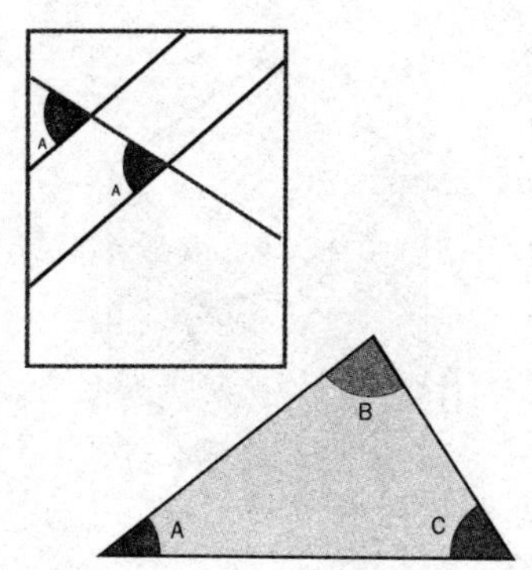

035 转移

图中外围圆圈里出现的每个图形和符号，都将按照下面的规则转移到中间的圆圈里面——如果某种图形或是符号在外围的圆圈里出现1次：转移；出现2次：可能转移；出现3次：转移；出现4次：不转移。A，B，C，D和E中哪一个应该放入问号处呢？

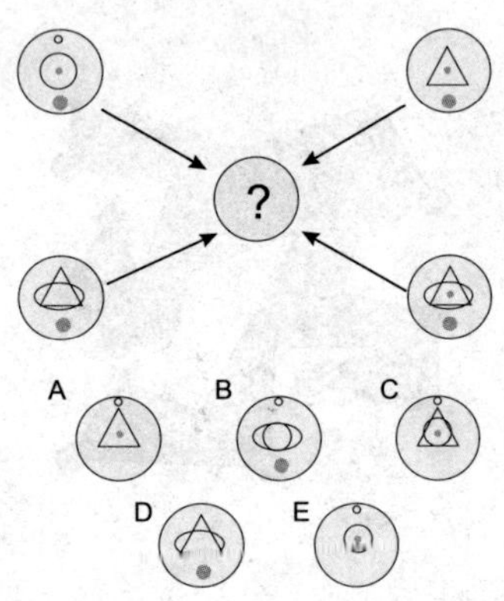

036 角度

这个立方体有两面已经画出了对角线。请问对角线AB和AC之间的角的度数。

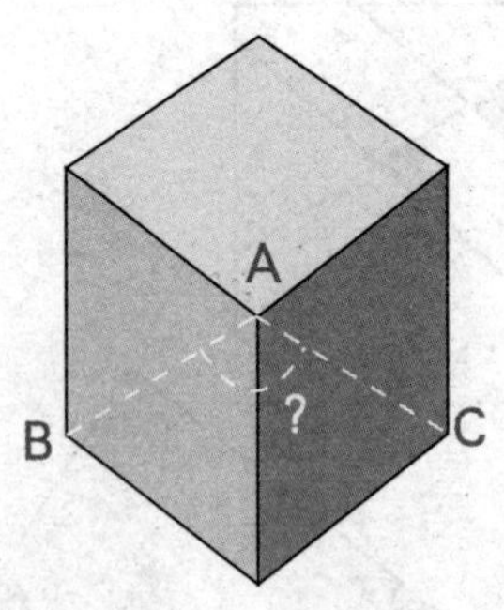

037 指针相遇

这个钟是为某个行星设计的，它每16个小时自转1次。每个小时为64分钟，每分钟为64秒。现在钟上所显示的时间为差15分钟到8点。请问指针下次最快相遇的时间是什么时候？

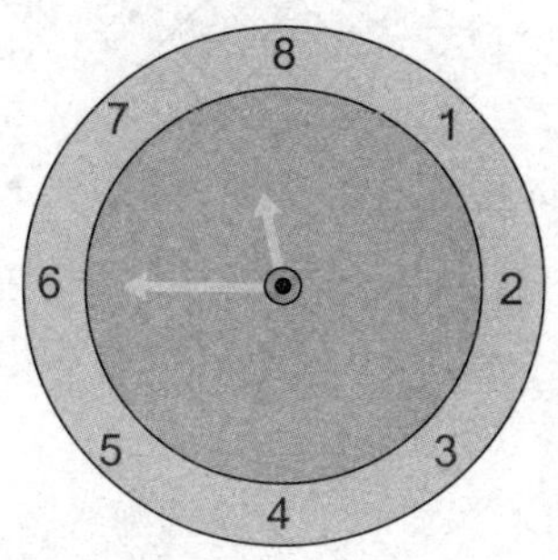

038 约会地点

有7个好朋友住在7个不同的地方（以圆点为标志）。他们准备聚在一起喝咖啡，为了最大限度地减少各自的行走路程，他们应该在哪个地方见面呢？

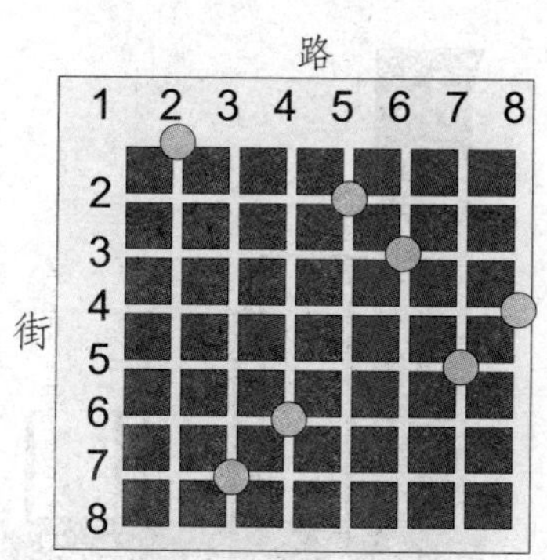

039 从A到B

某些城市比如曼哈顿、纽约都会在两条主路——A路和B路之间建起居民区，如左图方格所示。请问有多少种不同的路线可以到达B处？

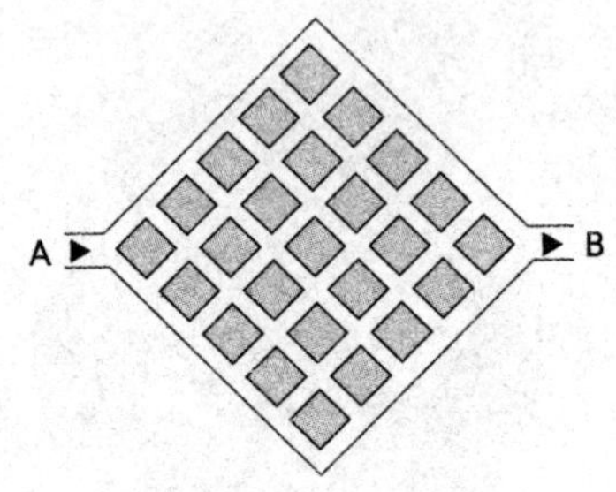

040 倒酒

最开始的时候，9升罐是满的，5升罐、4升罐和2升罐都是空的。

游戏目的是将红酒平均分成3份（这将使最小的罐留空）。

因为这些罐都没有标明计量刻度，倒酒只能以如下方式进行：使1个罐完全留空或者完全注满。如果我们将红酒从1个罐倒入2个较小的罐中，或者从2个罐倒入第3个罐，这两种方式的每种都算作2次倒酒。

达到目的的最少倒酒次数是多少？

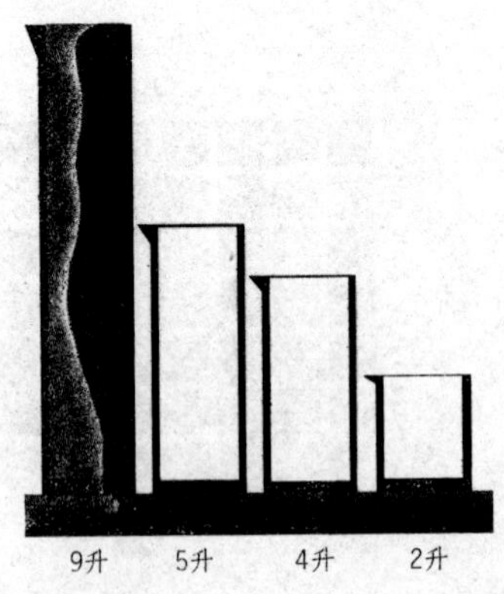

041 平分红酒

最开始的时候，9 升罐是满的，7 升罐、4 升罐和 2 升罐都是空的。

游戏目的是将红酒平均分成 3 份（这将使最小的罐留空）。

因为这些罐都没有标明计量刻度，倒酒只能以如下方式进行：使 1 个罐完全留空或者完全注满。如果我们将红酒从 1 个罐倒入 2 个较小的罐中，或者从 2 个罐倒入第 3 个罐，这两种方式的每一种都算作 2 次倒酒。

达到目的的最少倒酒次数是多少？

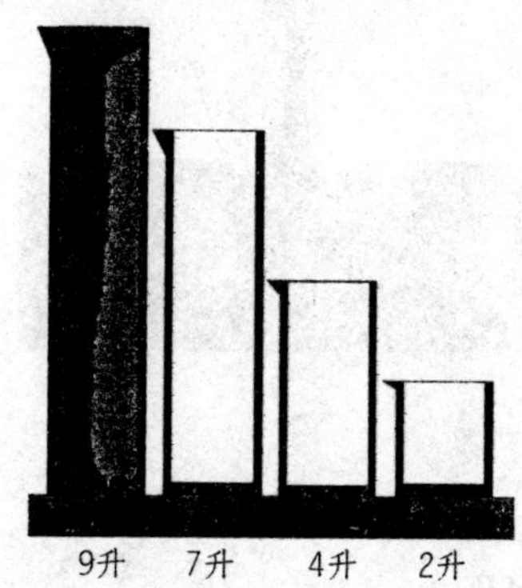

042 接通电路

哪个部件能将这个电路连通？

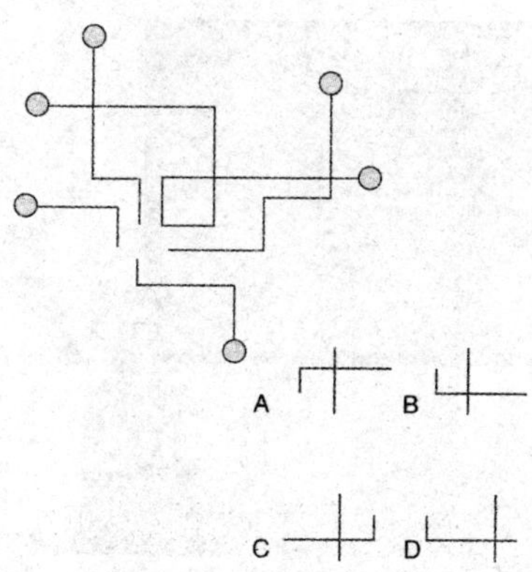

043 8个金币

一共有8个金币，其中1个是假币。其余的7个重量都相等，只有假币比其他的都要轻。

请问用天平最少几步能够把假币找出来？称重量的时候只能使用这8个金币，不能使用其他砝码。

044 阿拉伯数字问题

你知道下图中的问号部分应该填入什么字母吗？

045 几何级数

下图是下面这个几何级数前10项的直观图：

1+ 1/2 +1/4+ 1/8 +1/16 + 1/32 +1/64 +1/128 +

1/256 +1/512+⋯ +1/2的n次方+⋯

请问随着n的无限增大，这个级数和的极限是多大？

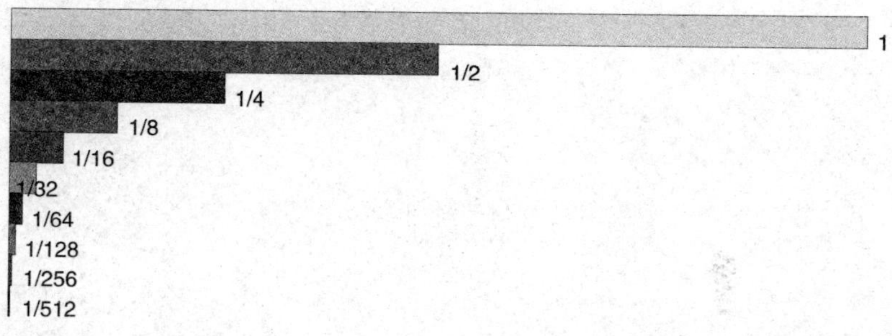

046 扑克牌

一副扑克牌里面所有的梅花都掉出来堆在了一起。仔细观察你所能看到的每一张牌，想想他们分别是哪一张，中间朝下的那张是哪一张呢？

答案

○ 语言力

001 拼汉字

4 个。如图：

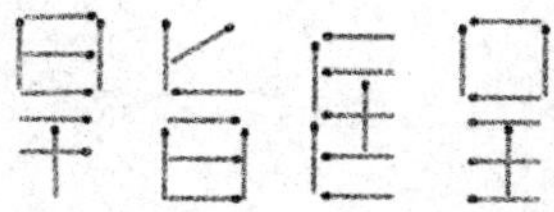

002 诗词填数

一、二、三、四、五、六、七、八、九、十、百、千、万。

003 纵横交错

横向：

1. 世界足球先生
2. 联通
3. 太平天国
4. 易如反掌
5. 安小慧
6. 堆积如山
7. 理科
8. 包法利夫人
9. 社会保险
10. 金山
11. 养老院
12. 千金

纵向：

一、世界贸易组织

二、执法如山

三、核反应堆

四、球迷

五、夫子

六、比如女人
七、生态平衡
八、社科院
九、联合国安全理事会
十、邢慧娜
十一、风险基金

004 三国演义

缺算（蒜）、少言（盐）、无缰（姜）、短将（酱）。

005 疑惑的小书童

原来冯梦龙要的是酒桌。

006 成语十字格

如图：

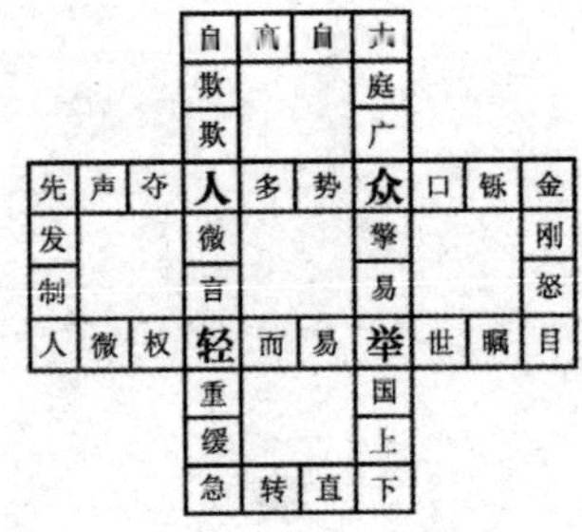

007 一台彩电

有声有色、不露声色

008 一笔变新字

1. 刁—习 2. 凡—风 3. 尤—龙 4. 勿—匆 5. 立—产 6. 车—轧 7. 开—卉 8. 叶—吐 9. 史—吏 10. 主—庄 11. 禾—杀 12. 灭—灰 13. 头—买 14. 玉—压 15. 去—丢 16. 舌—乱 17. 亚—严 18. 西—酉 19. 利—刹 20. 烂—烊

009 几家欢喜几家愁

翠

010 成语接龙

今是昨（非）同小（可）望不可（即）以其人之道，还治其人之（身）体力（行）若无（事）在人（为）所欲（为）富不（仁）至义（尽）心竭（力）不胜（任）重道（远）走高（飞）沙走（石）破天（惊）天动（地）利人（和）睦相（处）心积虑

醉生梦（死）去活（来）去自（如）花似（玉）树临（风）调雨（顺）手牵（羊）肠小（道）听途（说）长道（短）兵相（接）二连（三）言两（语）重心（长）驱直（入）不敷（出）其不（意）气风（发）扬光（大）材小（用）兵如（神）采飞（扬）眉吐（气）象万（千）军万（马）到成（功）败垂（成）千上（万）古长（青）红皂（白）日作（梦）寐以（求）同存（异）想天（开）天辟地

011 象棋成语

丢车保帅、车水马龙、一马当先、身先士卒、自相矛盾、如法炮制、调兵遣将、行将就木、兵荒马乱。

012 组合猜字

如图：

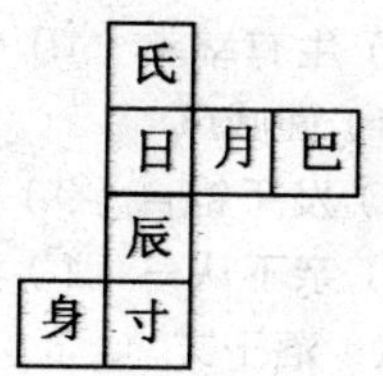

013 串门

王秀才字谜诗的谜底是：“特来问安。”
朋友答字谜诗的谜底是：“请坐奉茶。”

014 乌龟信

这是谐音“龟”（归）字。归、归……速归（竖龟）。

015 长联句读

五百里滇池，奔来眼底，披襟岸帻，喜茫茫，空阔无边！看：东骧神骏，西翥灵仪，北走蜿蜒，南翔缟素，高人韵士，何妨选胜登临，趁蟹屿螺洲，

梳裹就风鬟雾鬓，更苹天苇地，点缀些翠羽丹霞，莫辜负四围香稻，万顷晴沙，九夏芙蓉，三春杨柳。

数千年往事，注到心头，把酒凌虚，叹滚滚，英雄谁在！想：汉习楼船，唐标铁柱，宋挥玉斧，元跨革囊，伟烈丰功，费尽移山心力，尽珠帘画栋，卷不及暮雨朝云，便断碣残碑，都付于苍烟落照，只赢得几许疏钟，半江渔火，两行秋雁，一枕清霜。

016 成语与算式

略。

017 一封怪信

B. 表示他们分离了。C. 三个月亮表示他们分离 4 个月了。D. 表示孩子已出生了。E.8 个月亮表示希望丈夫 8 个月后回来。F. 表示全家团聚。

018 秀才贵姓

安（谜面的意思是：生了一个“日”是宴字。宴字去掉“日”是“安”）。

019 成语加减

1.（2）龙戏珠 +（1）鸣惊人 =（3）令五申 （0）敲碎打 +（1）来二去 =（1）事无成 （3）生有幸 +（1）呼百应 =（4）海升平 （7）步之才 +（1）举成名 =（8）面威风

2.（10）全十美 -（1）发千钧 =（9）霄云外 （8）方呼应 -（1）网打尽 =（7）零八落 （6）亲不认 -（1）无所知 =（5）花八门 （2）管齐下 -（1）孔之见 =（1）落千丈

020 “山东”唐诗

山光物态弄春晖　张旭《山行留客》
荆山已去华山来　韩愈《次潼关先寄张十二阁老使君》
峨眉山下水如油　薛涛《乡思》
两岸青山相对出　李白《望天门山》
若非群玉山头见　李白《清平调词三首》
姑苏城外寒山寺　张继《枫桥夜泊》
轻舟已过万重山　李白《早发白帝城》
东风不与周郎便　杜牧《赤壁》
滚东滚西一万家　杜甫《夔州歌》

碧水东流至此回 李白《望天门山》
澶漫山东一百州 杜甫《承闻河北诸道节度入朝欢喜口号》
平明日出东南地 李益《度破讷沙二首》
坑灰未冷山东乱 章碣《焚书坑》
射雕今欲过山东 吴融《金桥感事》

021 诗词影片名

（1）巴山夜雨；（2）柳暗花明；（3）燕归来；（4）八千里路云和月；（5）一江春水向东流；（6）路漫漫；（7）春眠不觉晓；（8）彩云归；（9）万水千山；（10）花开花落。

022 断肠谜

一二三四五六七八九十。

023 趣味课程表

1. 痛不欲生、物尽其用 2. 出神入化、学而不厌 3. 十全十美、不学无术 4. 九霄云外、语无伦次 5. 照本宣科、学以致用 6. 既明且哲、学富五车 7. 胸中有数、学贯中西 8. 风云人物、理屈词穷 9. 万众一心、理直气壮 10. 烽火连天、文章盖世 11. 弦外之音、乐不思蜀 12. 顶天立地、理所当然 13. 妙趣横生、物美价廉 14. 贫下中农、开科取士 15. 精兵简政、治病救人 16. 不识大体、封山育林 17. 一本正经、济济一堂 18. 奉公守法、严于律己 19. 甜言蜜语、文经武略 20. 历历在目、史无前例

024 屏开雀选

如图：

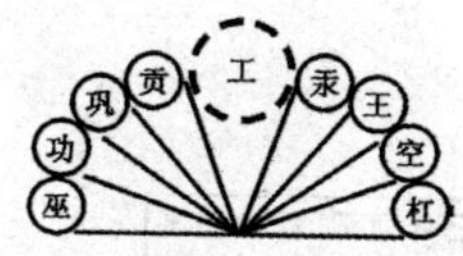

025 环形情诗

久慕秦郎假乱真，假乱真时又逢春；时又逢春花含玉，春花含玉久慕秦。

026 组字透诗意

填日字，拼成“香、晴、旭、早”四字。

027 几读连环诗

一共有 5 种读法：

（1）秋月曲如钩，
如钩上画楼。
画楼帘半卷，
半卷一痕秋。

（2）月曲如钩，
钩上画楼。
楼帘半卷，
卷一痕秋。

（3）月，
曲如钩，
上画楼。
上画楼，
帘半卷。
帘半卷，
一痕秋。

（4）秋，
月曲如钩上画楼。
帘半卷，一痕秋。

（5）秋痕一卷半帘楼，
卷半帘楼画上钩。
楼画上钩如曲月——秋。

028 孪生成语

如图：

一波未平，一波又起
一夫当关，万夫莫开
十年树木，百年树人
只可意会，不可言传
成事不足，败事有余
宁为玉碎，不为瓦全
机不可失，时不再来
有则改之，无则加勉
道高一尺，魔高一丈
言者无罪，闻者足戒

029 文静的姑娘

夺。

030 水果汉字

香蕉（立）、苹果（日）、梨（十）

031 字画藏唐诗

（1）北斗七星高；（2）山月随人归；（3）月出惊山鸟；（4）白日依山尽；（5）一览众山小。

032 数字藏成语

3.5（不三不四）；2+3（接二连三）；333 和 555（三五成群）；9 寸 +1 寸 =1 尺（得寸进尺）；1256789（丢三落四）；12345609（七零八落）。

033 心连心

如图：

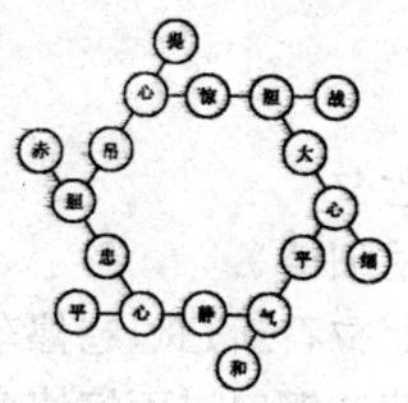

034 人名变成语

1. 生死攸关、羽扇纶巾
2. 剑拔弩张、飞黄腾达
3. 千军万马、超凡脱俗
4. 飞苍走黄、忠言逆耳
5. 完璧归赵、云开见日
6. 千疮百孔、明察暗访
7. 招兵买马、良师益友
8. 单枪匹马、忠心赤胆
9. 改弦更张、松柏之茂
10. 及时行乐、进贤任能

11. 投桃报李、通风报信
12. 信口雌黄、盖世无双
13. 不肖子孙、权倾天下
14. 目不识丁、奉公守法

035 “5”字中的成语

如图：

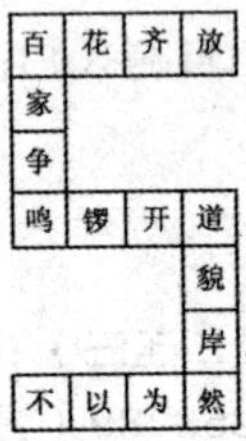

036 回文成语

大快人心、心口如一、一马当先、先声夺人、人才辈出、出其不意、意气风发、发扬光大

037 省市组唐诗

置水写银河 崔国辅《七夕》
戎马关山北 杜甫《登岳阳楼》
未是渡河时 陈子良《七夕看新妇隔巷停车》
君问终南山 王维《答裴迪辋口过雨忆终南山》
脉脉广川流 上官仪《入朝洛堤步月》
渭水东流去 岑参《西过渭州见渭水思秦川》
三江潮水急 崔颢《长干曲四首》
村西日已斜 孟浩然《寻菊花潭主人》
山中一夜雨 王维《送梓州李使君》
西园引上才 李白药《赋得魏都》
山中无历日 太上隐者《答人》
东西任老身 司空曙《逢江客向南中故人因以诗寄》
影灭彩云断 李白《凤凰曲》
江南季春天 严维《状江南》
身征辽海边 贾岛《寄远》
寒歌宁戚牛 李白《秋浦歌十七首》

园林过新节 韦应物《寒食后北楼作》
先人辟疆园 皇甫冉《题卢十一所居》
自古黄金贵 陆龟蒙《黄金二首》
不敢向松州 薛涛《罚赴边有怀上韦令公二首》
湖里鸳鸯鸟 崔国辅《湖南曲》
北风吹白云 苏颐《汾上惊秋》
五湖风浪涌 崔颢《长干曲》
湖南送君去 崔国辅《湖南曲》
不畏浙江风 姚合《送薛二十三郎中赴婺州》
牢落江湖意 白居易《庾楼新岁》
还见南台月 贾岛《上谷送客游江湖》
茅屋深湾里 杜荀鹤《钓叟》
鱼戏莲叶南 陆龟蒙《江南曲》
犹能扼帝京 皮日休《古函关》
夜战桑乾北 许浑《塞下》
关门限二京 李隆基《潼关口号》
渺渺望天涯 钱起《江行》
家住孟津河 王维《杂诗三首》
皆言四海同 李峤《中秋月二首》
宿雨川原霁 司空图《即事九首》
水上秋日鲜 王建《汽水曲》
四海无闲田 李绅《悯农》
江水千万层 孟郊《寒江吟》
苏武节旄尽 杨衡《边思》

038 剪读唐诗

如图：

闲步浅青平绿，流水征车自逐。谁家挟弹少年，拟打红衣啄木。

039 钟表成语

（1）一时半刻；（2）七上八下；（3）三长两短。

040 迷宫成语

如图：

041 成语之最

如图：

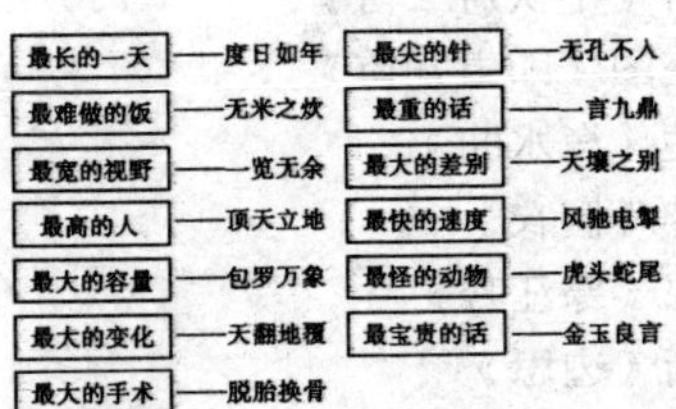

042 巧拼省名

如图：

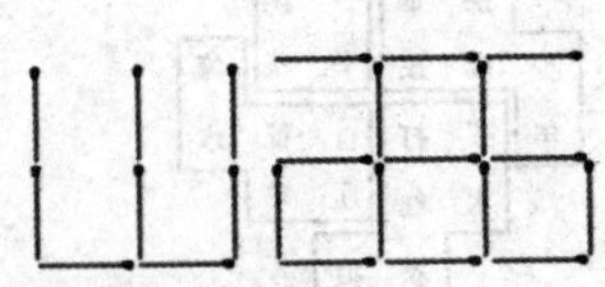

043 藏头成语

天天树叶绿，日日百花开。地名：长春。

044 棋盘成语

一马当先、按兵不动。

045 单词演变（1）

CAMP，DAMP 潮湿，DUMP 垃圾场，LUMP 结块，LIMP 蹒跚，LIME 酸橙，DIME 十美分硬币，DIVE 跳水，FIVE 五，FIRE。

046 单词演变（2）

TOAD，ROAD 马路，ROAR 咆哮声，REAR 尾部，BEAR 熊，BEAT 击打，NEAT 干净，NEWT。

047 夏威夷之旅

剩下的字母所连成的话：Ukulele actually means “leaping flea” in Hawaiian（在夏威夷语里，尤克里里琴实际上是“跳跃的跳蚤”的意思）。

如图所示

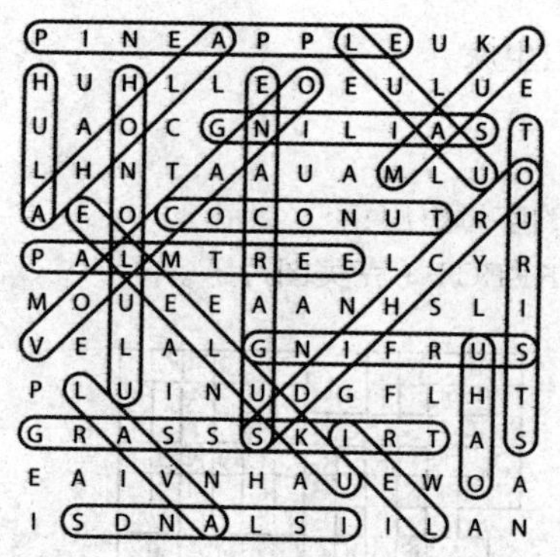

048 捉苍蝇

剩下的字母所连成的话：You finished this with flying colors.（你用彩色完成了这道题）

049 奇怪的球

1. Gumball 口香糖
2. Handball 手球
3. Basketball 篮球
4. Crystal ball 水晶球
5. Football 足球
6. Hair ball 毛球
7. Meatball 肉团
8. Pinball 弹球
9. Mothball 卫生球

050 填空

黄色突出显示的字母拼出：
PICTURE PERFECT（完美图片）。

051 哈哈大笑

如图所示

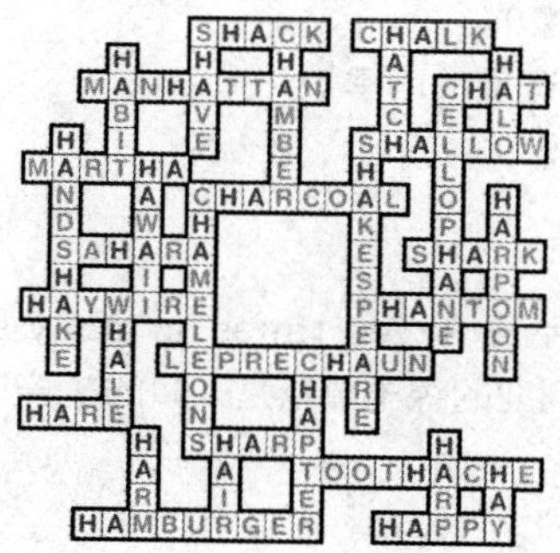

052 跟ABC一样简单

1. Apes Breaking Crayons（猿猴折断蜡笔）。
2. Ants Building Castle（蚂蚁筑城堡）。
3. Alice Buying Cherries（爱丽丝买浆果）。
4. Angels Baking Cookies（天使烤蛋糕）。
5. Adam Balancing Cows（亚当平衡牛）。
6. Astronauts Brushing Cats（宇航员给猫刷毛）。

053 头脑风暴

1. Rain（下雨）
2. Ain't（不是）
3. Aear（眼泪）
4. Earth（地球）
5. Thunder（雷鸣）
6. Undersea（海底）
7. Season（季节）
8. Sons（儿子）
9. Spark（火星）
10. Parka（派克大衣）
11. Abe（林肯总统的外号）

12. Before（在……之前）
13. Forecast（预报）
14. Castle（城堡）
15. Lemon（柠檬）
16. Monsoon（印度的雨季）
17. Sooner（不久）

054 澳大利亚趣闻

剩下字母连成的话：Seven times as many sheep as people live in Australia（澳大利亚的绵羊数量是人口的 7 倍）。

如图所示

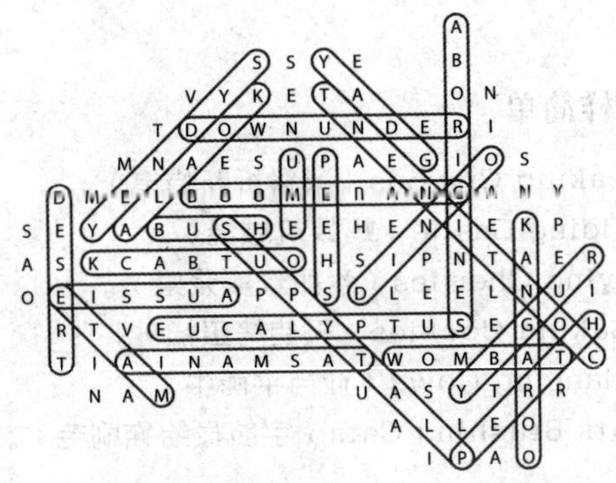

055 单词配对

这些单词是：

CALF（小牛）
DONKEY（毛驴）
HALF（一半）
MONKEY（猴子）
ITEM（条款）
CREASE（起皱）
STEM（茎）
GREASE（油脂）

FAULT（错误）
CHEATER（骗子）
VAULT（储藏室）
THEATER（戏院）
CHIEF（主要的）
CRANIUM（头盖骨）
THIEF（小偷）
URANIUM（铀）
ALONE（单独的）
CARRIAGE（马车）
CLONE（克隆）
MARRIAGE（结婚）
DUNCE（蠢材）
JAWBREAKER（难发音的字）
OUNCE（盎司）
LAWBREAKER（违法者）

剩下的字母连成的话：Hope you found this to be a great treat（希望你能发现这是充满乐趣的事）。

如图所示

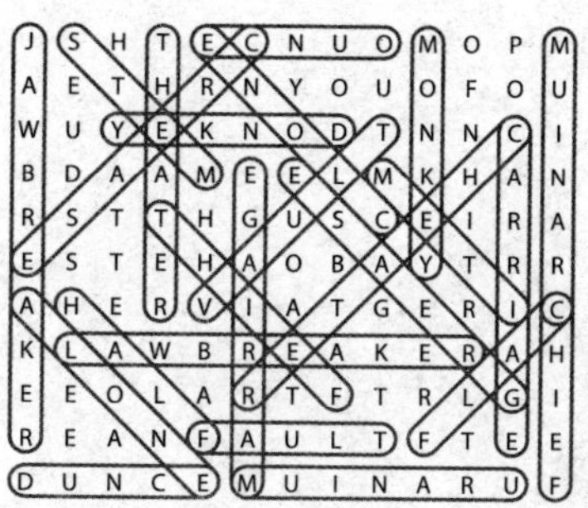

056 城际纵横

Toledo（托莱多）
Detroit（底特律）

Baltimore（巴尔的摩）
Sacramento（萨克拉门托）
Houston（休斯敦）
Honolulu（檀香山）
Los Angeles（洛杉矶）
Las Vegas（拉斯维加斯）
Cleveland（克利夫兰市）
Denver（丹佛）

○ 计算力

001 排列法

一共有 64 种排列方法，如图所示。

002 完成等式

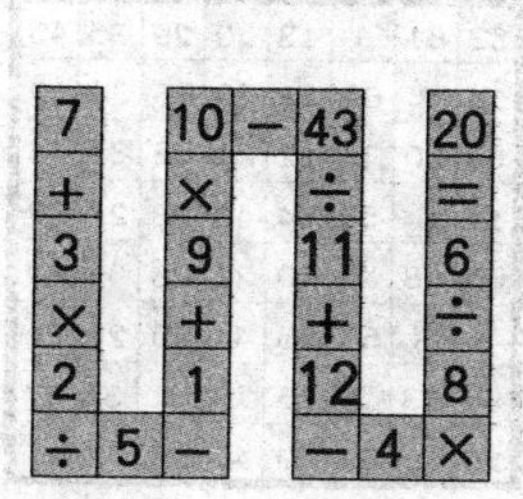

003 按顺序排列的西瓜

? ? ? 7 ? ? ?

1 3 5 7 9 11 13

最重的西瓜是 13 千克。

004 下落的砖

这个问题把你难住了吗？许多人认为答案是 1.5 千克，实际上应该是 2 千克。

005 六阶魔方

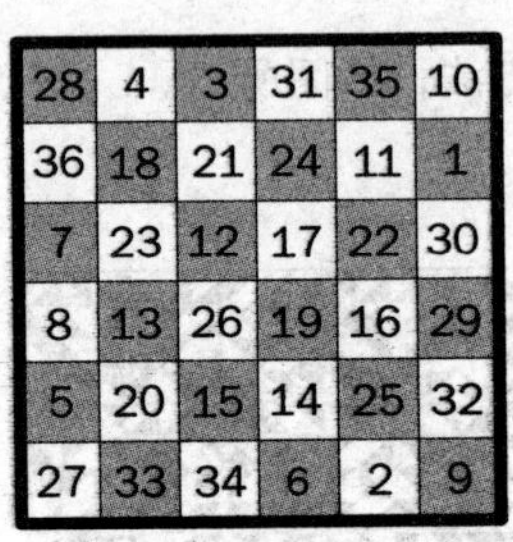

28	4	3	31	35	10
36	18	21	24	11	1
7	23	12	17	22	30
8	13	26	19	16	29
5	20	15	14	25	32
27	33	34	6	2	9

006 八阶魔方

就像杜勒的恶魔魔方一样，八阶魔方具有许多“神秘”的特性，而且超出魔方定义的一般要求。

比如说，每行、每列的一半相加之和等于魔数的一半，等等。

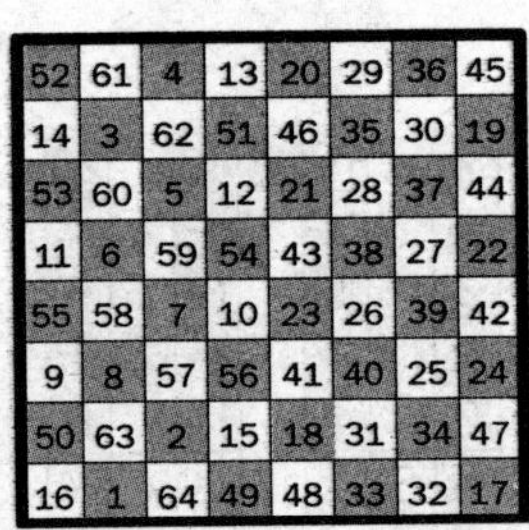

52	61	4	13	20	29	36	45
14	3	62	51	46	35	30	19
53	60	5	12	21	28	37	44
11	6	59	54	43	38	27	22
55	58	7	10	23	26	39	42
9	8	57	56	41	40	25	24
50	63	2	15	18	31	34	47
16	1	64	49	48	33	32	17

007 多米诺骨牌墙

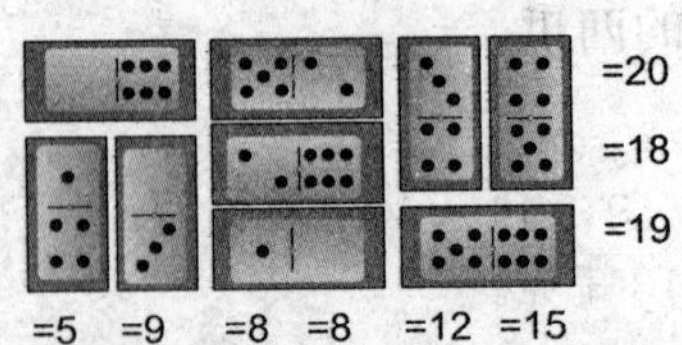

008 五星数字谜题

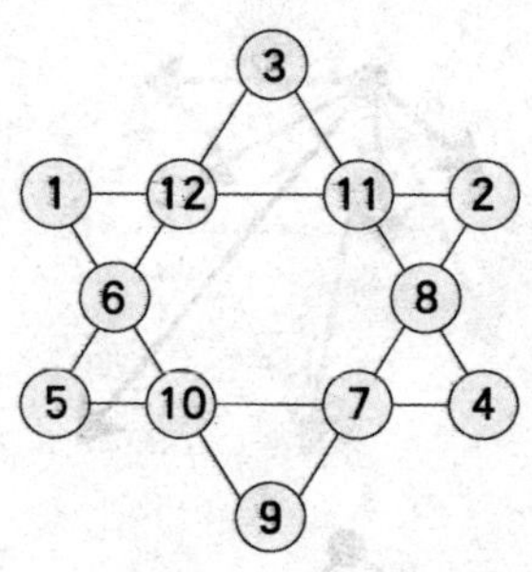

009 送货

总共要转 12 圈半。滚轴每走 1 个单位的距离，传送带就前进两个单位的距离，而滚轴走 1 个单位的距离要转 5/4 圈。

010 完成等式

4	+	2	=	6
−		×		+
1	+	4	=	5
=		=		=
3	+	8	=	11

011 合力

可以把每 2 个力相加，按顺序算出它们的合力，直到得到最后的作用力，或者把它们按照下面所示加起来。

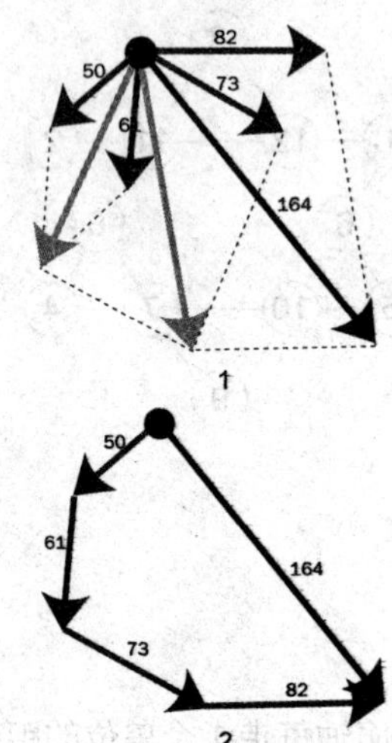

012 五角星魔方

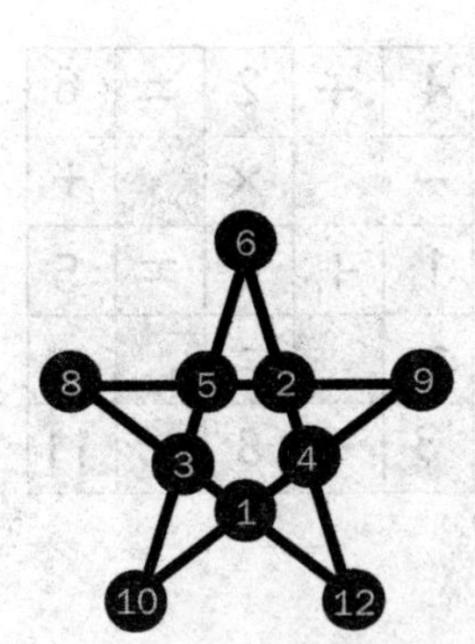

013 六角星魔方

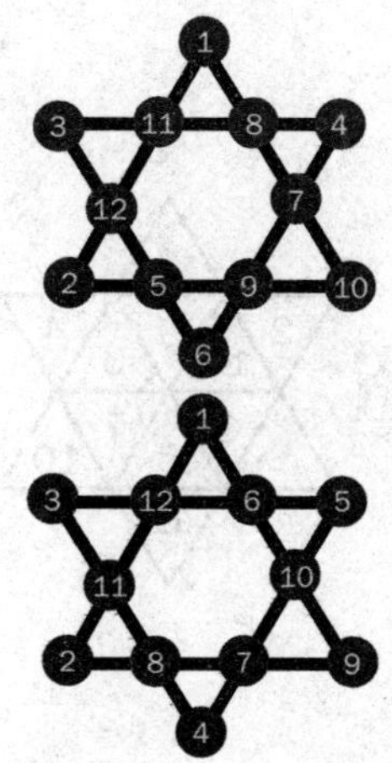

014 七角星魔方

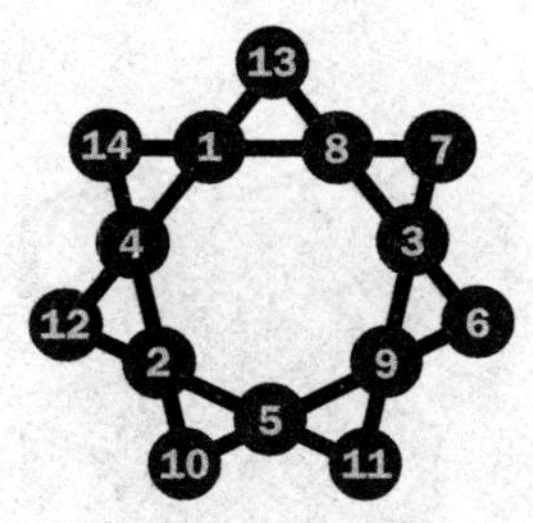

015 六角魔方

这个问题可不简单。一共有 12！（12 阶乘 = 1×2×3×…×11×12 = 479001600）种方法将数字 1~12 填入六角形上的三角形中。这里给出其中一种解法：

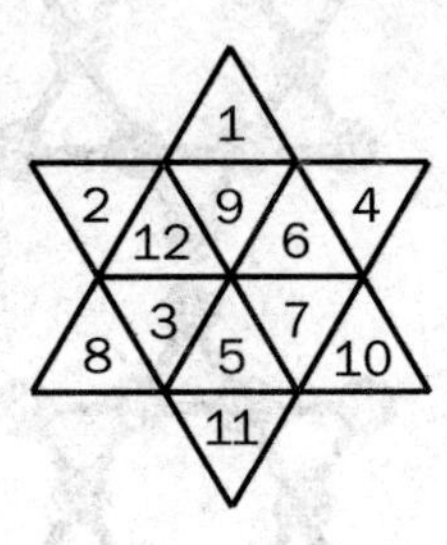

016 完成链形图

71。把前 2 个数字加起来，就得到第 3 个数字，在链形图中依次进行。

017 代数

4。把相邻 2 个椭圆中间的 2 个数字相减，所得结果放在 2 个椭圆交叉的位置上。

018 路径

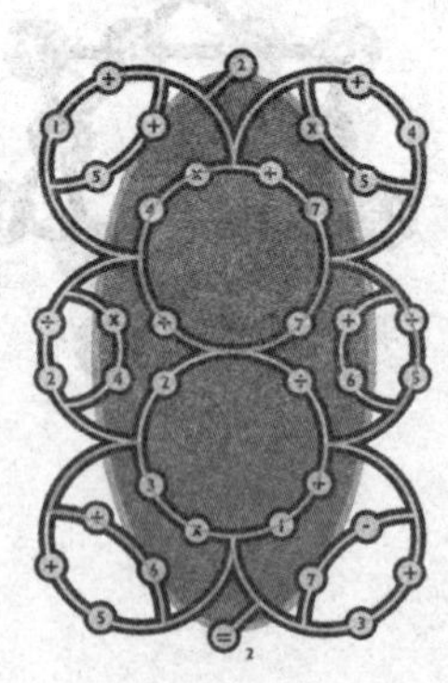

019 完成谜题

6。无论是纵向计算还是横向计算，这些数字相加都等于 15。

020 墨迹

```
  289
+ 764
-----
 1053
```

021 房顶上的数

175。计算的规则是：（左窗户处的数值 + 右窗户处的数值）× 门上的数值。

022 数字完形（1）

A=4，B=14，C=20。

中间的数字是上下数字的总和与左右数字总和的差的 2 倍。

023 数字完形（2）

16。从三角形左下角进行计算，围绕这个三角形按顺时针方向行进，这些数字分别是 1，2，3，4，5，6，7，8，9 的平方数。

024 小狗菲多

菲多被拴在一棵直径超过 2 米的粗壮的树上，所以菲多可以绕着树转一个直径为 22 米的圆，如图所示。

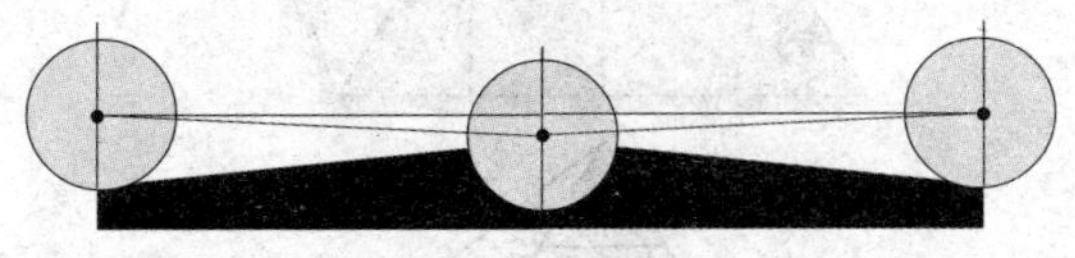

025 剩余面积

4 个绿色正六边形的面积等于红色正六边形的面积，而它们重叠部分的面积是相等的，因此减去了重叠部分之后的面积还是相等的。

026 数字难题

4。把每个正方形中对应位置的数字相加，左边部分数字的和等于20，上面的和等于22，右边部分的和等于24，下面部分的和等于26。

027 数字圆盘

1。在每个圆中，先把上面两格中的数字平方，所得结果相加，就是最下面的数字。

028 四边形面积

7.5 个单位面积。

可以把这个红色四边形的面积分成3个直角三角形和中间的3个小正方形。中间的3个小正方形的面积是3个单位面积，而3个直角三角形的面积分别是1.5，1，2个单位面积，因此红色四边形的总面积是3+1.5+1+2=7.5个单位面积。

020 金字塔上的问号

设丢失的数字为X，然后一层层填满空格，那么顶部的数字就为3X+28。我们知道这个数字等于112，因而3X=112-28=84，所以X=28。

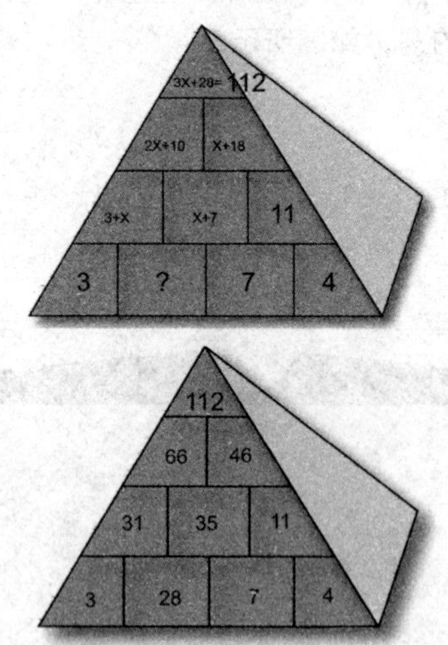

030 年龄

60 岁。如果将他的整个寿命设为“x”年，那么：

他的孩童时期 =1/4x

他的青年时期 =1/5x

他的成人期 =1/3x

他的老年时期 =13

1/4x+1/5x+1/3x+13=x

x=60

031 大小面积

最小的内接正三角形边长为 1，面积约为 0.4330；

最大的内接正三角形边长为 1.035，面积约为 0.4641。

内接正三角形的面积计算公式是：

$$\frac{\sqrt{3}}{4}S^2$$

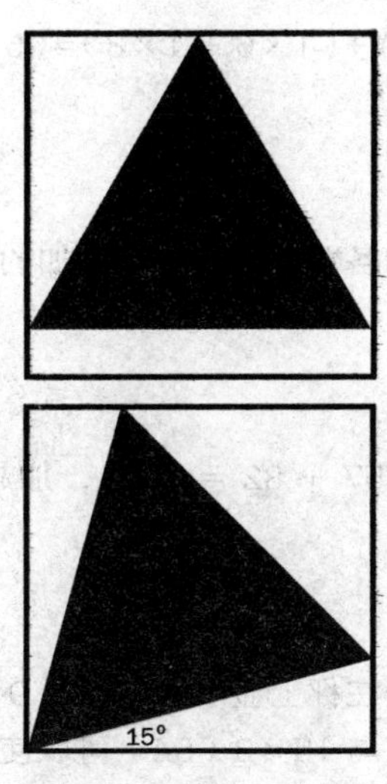

032 重新排列

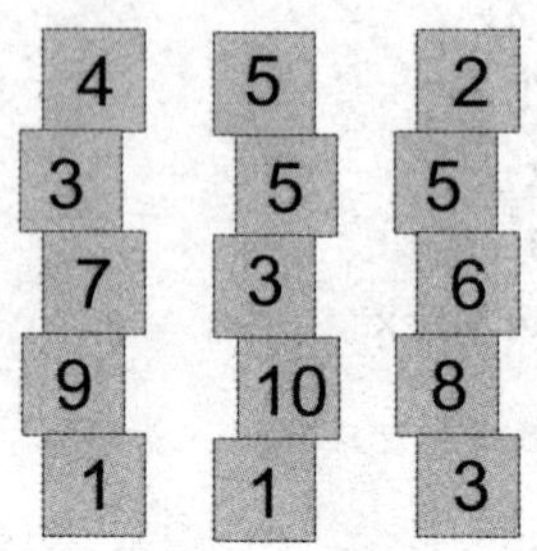

033 砝码

黄色砝码的重量是 2 个单位。由于它位于第 8 个单位的位置上，所以，它的重量需要 2 个单位（总重量为 8×2 = 16），才能维持系统的平衡。

左右两边的平衡关系如下：

（3×8 + 2×4）+（6×7）+（1×6 + 1×8）=（5×2 + 4×8）+（2×6 + 2×9）+（2×8）

034 两位数密码

11 或 20。将 3 个圆圈内各数位上的数字相加的结果再相加，总数是 19。

035 组合木板

1236 + 873 + 706 + 257 + 82 = 3154，加起来可以精确地达到所要求的长度。

036 平衡

所需数值是 6。右边盒子在秤上显示的重量是 9 个单位，而左边则是 3 个单位。所以，6×9（54）与 18×3（54）可以使秤的两边保持平衡。

037 AC的长度

线段 OD 是圆的半径，它的长度是 6 厘米。ABCO 是个长方形，它与圆的中心以及圆边都相交。因此，线段 OB，即圆的半径的长度为 6 厘米。

因为长方形的两个对角线的长度都相等，所以，线段 AC 与线段 OB 的长度相等，即 6 厘米。

038 六边形与圆

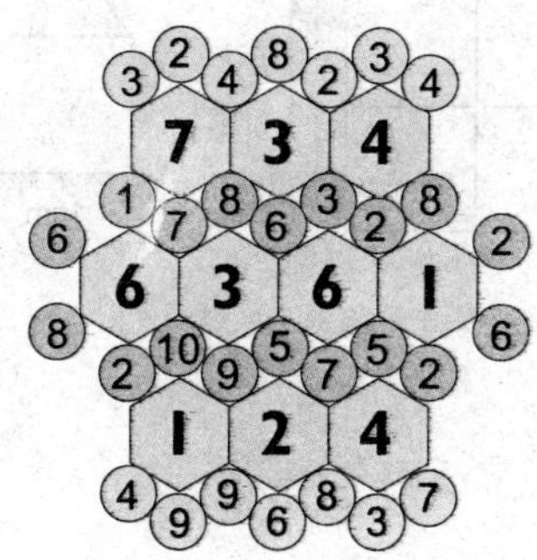

039 距离

49 米。她在各段路上行走的路程依次如下：

A = 9 米；B = 8 米；C = 8 米；D = 6 米；E = 6 米；F = 4 米；G = 4 米；H = 2 米；I = 2 米。

一共 49 米。

040 旗杆的长度

旗杆的长度为 10 米。

旗杆与它影子的比例等于测量杆与它影子的比例。

041 阴影面积

80 平方米。如果你对这个经过切割的方格进行观察，你会发现在这些复合形状中包括了并行的几对图形，它们可以组合成 4 个正方形。整块土地的总面积是 20 米 ×20 米，即 400 平方米。这 5 个相同的正方形中任意 1 个的面积都是土地总面积的 1/5，即 80 平方米。

042 切割立方体

切 3 刀，将立方体的干酪分割为相等的 8 个小立方体。这 8 块立方体的小干酪中每一块的边长都是 1 厘米，因此其表面积也就是 6 平方厘米，那么 8 个立方体小干酪块的总表面积就是 48 平方厘米。

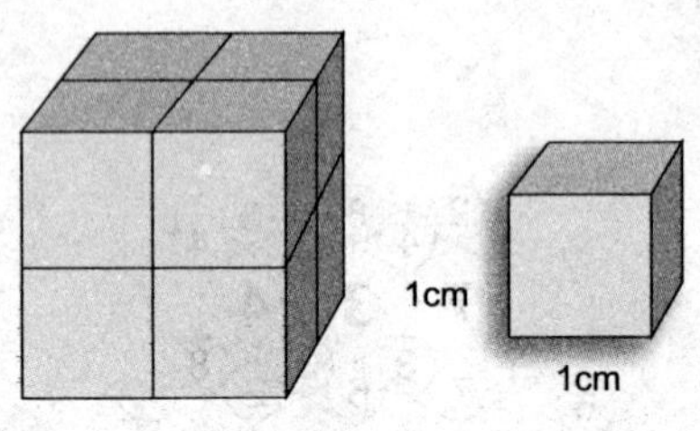

043 蜂群

$$\sqrt{\frac{x}{2}}+\frac{8}{9}x+2=x$$

这里 x= 蜂群中的蜜蜂数

整理式子为：$(x-72)(2x-9)=0$

很明显 x 不等于 4.5（假设 $2x-9=0$ 得出的结果），所以 x 一定是 72，那么整个蜂群一共有 72 只蜜蜂。

044 射箭

两支箭射中了8分区域（得16分），7支箭射中了12分区域（得84分）。总得分：16+84=100。

045 裙子降价

25%。

046 费尔图克难题

6 支箭的分数刚好达到 100 分，那么他射中的靶环依次为：16、16、17、17、17、17。

047 链子

把那条带 4 个环的链子拿出来，将上面的 4 个环都打开，这样会花费 4 元。接着，利用这 4 个环把剩余的 5 条链子连在一起；然后，把这 4 个环焊接在一起，这会花费 2 元。所以，一条 29 个节的链子一共会花费 6 元。

048 动物

公园里有 4 只狮子、31 只鸵鸟。以下是解题的方法：因为他算出有 35 个头，所以，最少有 70 条腿。但是，他算出一共有 78 条腿，也就是比最少的数多了 8 条腿，因此，多出的 8 条腿必定是狮子的。8 除以 2 便是四条腿的动物的数量。这样，狮子的数量是 4。

049 自行车

贝蒂骑 1 个小时的自行车后把自行车放在路边，并继续步行 2 个小时，行走 8 千米后到达她的姑妈家；纳丁步行 2 个小时后到达放自行车的地方，然后骑 1 个小时的自行车，这样她就能和贝蒂同时在最短的时间到达姑妈家。

050 网球

因为每场比赛都会淘汰一对选手，既然一共有 128 对选手，那么在冠军队伍产生之前会进行 127 场淘汰赛。

051 苍蝇

大多数人都认为苍蝇飞行的最短的路线是从 A 点先到 D 点，然后沿着边飞到 B 点。运用勾股定理，线段 AD 的长度约为 84.85 厘米（勾股定理是指直角三角形的斜边长度等于另外两条直角边的平方和的平方根）。再加上线段 DB 的长度（即 60 厘米），这样，我们得到的总长度为 144.85 厘米。如果，我们从立方体的顶部一条边的中点 C 画出线路 AC，它的长度约为 67 厘米，同时，线段 CB 的长度也是 67 厘米。这样，我们得到的总长度为 134 厘米，很明显这要比第一条路线要短得多。

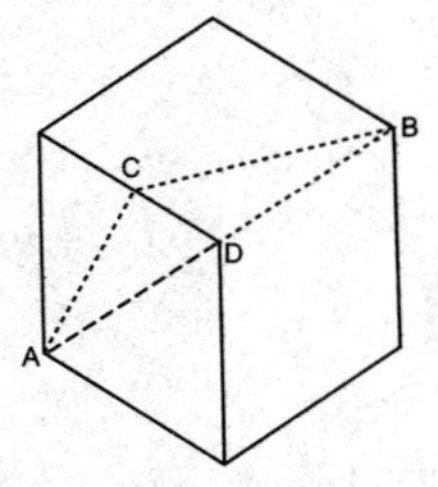

052 小甜饼

可怜的阿里阿德涅一共有 15 块儿甜饼。劳拉得到 7.5+0.5，即 8 块儿甜饼，还剩下 7 块儿；梅尔瓦得到 3.5 + 0.5，即 4 块儿甜饼，还剩下 3 块儿；罗伦得到 1.5 + 0.5，即 2 块儿甜饼，还剩下 1 块儿；玛戈特得到 0.5 + 0.5，即 1 块儿甜饼，而阿里阿德涅则一块儿也没有。

053 香烟

奈德可以把 10 个烟头中的 9 个卷成 3 支烟。这时，他只剩下一个烟头。当他满足自己的烟瘾之后，他又有 3 个新烟头，这样，他就可以卷第四支烟了。把这支烟吸完后，再加上原来第十个烟头，奈德就剩下两个烟头。他转到和自己相邻的桌子，并且问座位上的人是否可以从他们的烟灰缸里借一个烟头，这样，他就可以卷成第五支烟了。当他抽完这最后一支烟之后，他把这个剩下的烟头还给了刚才借他烟头的人。

054 长角的蜥蜴

这只蜥蜴爬行时正好是一个直角三角形。如果一个直角三角形的三个点都与一个圆的边相接触，那么，这个直角三角形的长边，即斜边就等于这个圆的直径。所以，圆（窝）的直径就是 5 米（直角三角形的斜边的平方等于两条直角边的平方和，即 42 + 32 = 25，25 的平方根等于 5）。

055 车厢

乘客车厢每个 4 元，买了 3 个（共 12 元）；货物车厢每个 0.5 元，买了 15 个（共 7.5 元）；煤炭车厢每个 0.25 元，买了 2 个（共 0.5 元）。这些费用加起来就是 12 + 7.5 + 0.5 = 20。

056 开商店

其中的一个答案为：草莓酱每罐 0.5 元，而桃酱每罐 0.4 元。在原先的交易中，3 罐草莓酱花费 1.5 元，而 4 罐桃酱则花费 1.6 元，这样，一共花费了 3.1 元。

○ 判断力

001 缺失的字母

U。从左边开始，沿着这条曲线向右进行，这些字母按照字母表顺序排列，每次前移 1 位、2 位、3 位，然后是 4 位，以此顺序重复进行。

002 星星

E。从左上角的方框开始，按照逆时针方向以螺旋形向中心移动。白色圆圈在两个相对应的尖角之间交替，同时，黑色圆圈按逆时针方向每次移动 1 步。

003 拿掉谁

8。这组数列的偶数位遵循这样的公式，把前面的数字乘以 2，然后再加 1，就等于后面的数字，以此类推。

004 对应

E

005 图形复位

A。下面每个方框中的图形与其上面的图形加在一起可以形成 1 个正方形。

006 多边形与线段

正多边形：6，12。

不闭合多边形：1，8。

闭合多边形：2，3，4，5，6，7，9，10，11，12。

简单多边形：4，5，6，10，11，12。

复杂多边形：2，3，7，9。

复合多边形：3，9。

凸多边形：5，6，10，12。

凹多边形：1，2，3，4，7，8，9，11。

007 星形盾徽

只需 2 张。

008 圆心

从左数第 4 个点是该大圆的圆心。

009 “蜈蚣”

所有这些横线都是等长的。

010 错误的等式

C。将数字相加，直到得到 1 个个位数字。比如，A=9（2+9+4+3=18，1+8=9）。

011 拼图板

B 和 E。

012 六边形游戏

如图所示，在 4×4 的棋盘上如果先下的一方按照 1D、2C、3B、4A 的顺序走步，那么只需 7 步他就赢了。

在 5×5 的棋盘上先下的人如果想赢，第 1 步应该把棋子下在棋盘的中心。

在大一些的棋盘上，情况变得越来越复杂；在 11×11 的棋盘上，棋子的走法就更多了。

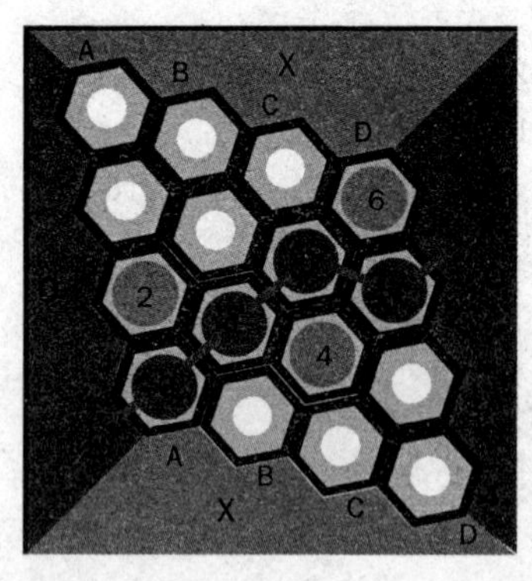

013 绳子和管道

绳子将与管道脱离。

014 贪吃蛇

这些蛇会逐渐相互填满对方的肚子，而且不会再继续吞食任何东西。因此这个圆环也就会停止缩小。

015 最大周长

D。哪个图形中彼此接触的面最少，那它的周长就最长。

016 金鱼

从鱼身反射出的光线，由水进入空气时，在水面发生了折射，而折射角大于入射角，折射光线进入人眼，人眼逆着折射光线的方向看去，觉得这些光线好像是从它们的反向延长线的交点鱼像发出来，鱼像是鱼的虚像，鱼像的位置比实际的鱼的位置要高。

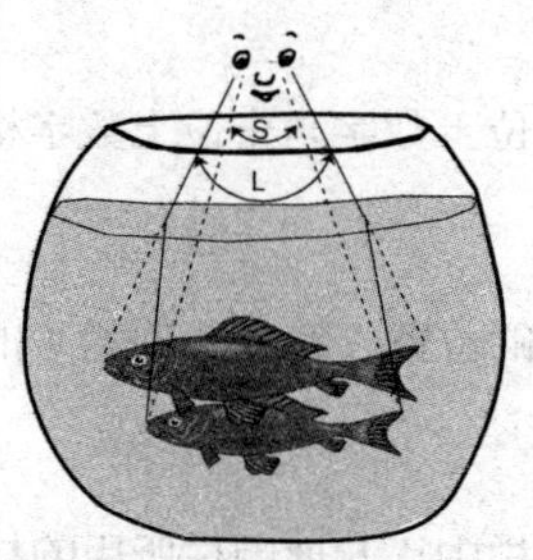

017 幽灵

是一样大的。

018 垂直

下面的线与竖线垂直，上面的线是斜着的。

019 哪个更快乐

许多人认为右边的脸看起来快乐一些，实际上两张脸是镜像图。

020 狗拉绳子

如图所示，绳子拉开之后有两个结。

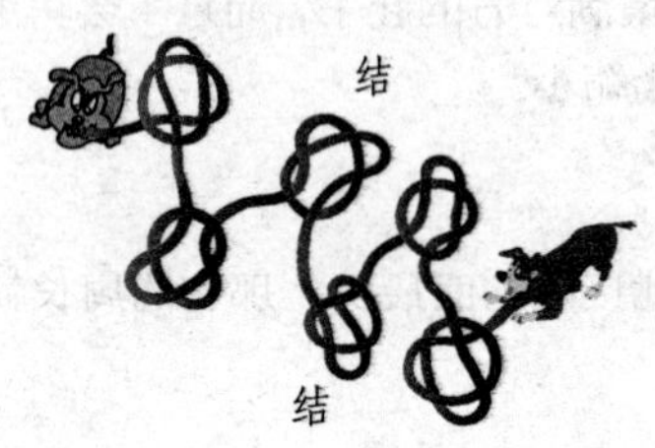

021 不同方向的结

这两个结不能互相抵消，但是可以挪动位置，使两个结位置互换。

022 数字球

26。其他各球中，个位上数字与十位上数字相加结果都等于 10。

023 通往目的地

3-C。线路 1 到达 2 的位置，线路 2 到达 1 的位置。

024 动物围栏（1）

在面积相等的 3 个围栏中正方形围栏所用的材料最少。

025 动物围栏（2）

关着大象的围栏所用的材料最少。

也就是说，2 个相连的全等图形面积相等时，周长最短的并不是正方形，而是长比宽长 1/3 的长方形。

举个例子，2 个边长为 6 厘米的相连的正方形，面积为 72 平方厘米，而围栏长为 42 厘米。

而 2 个长和宽分别为 6.83 和 5.27 的长方形，面积与上面的正方形是一样的，但是总围栏长只有 41.57 厘米。

026 不一样的图标

四边形。因为它是个闭合的图形。

027 哈密尔敦循环

这是其中一种情况，也有可能有其他的解。

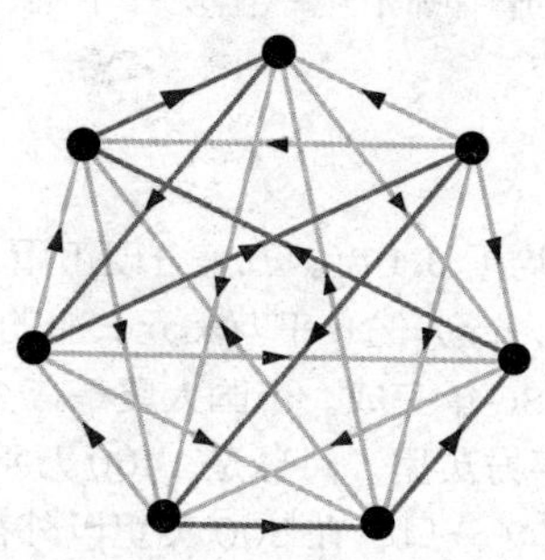

028 与众不同

B。在该项中，没有形成一个三角形。

029 一笔画图（1）

B。

030 一笔画图（2）

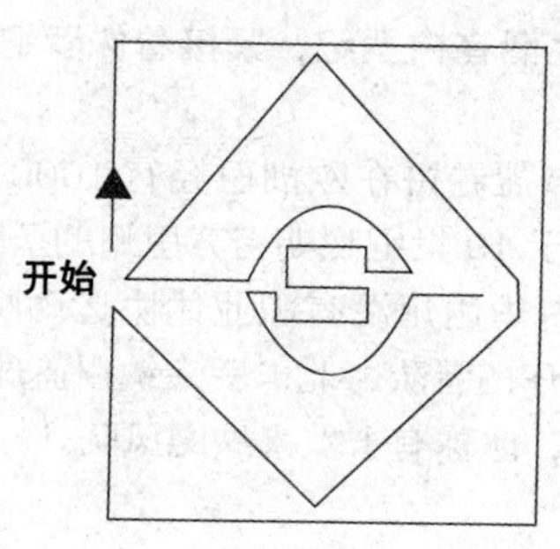

031 组成三角形

A。

032 最先出现的裂缝

最先出现的那条裂缝是图中间横向的一条，从正方形左边的中间向右延伸到右边离右上角 1/3 的地方。

通常要判断两个裂缝中哪个更早出现并不难：更早出现的裂缝会完全穿过这两个裂缝的交点。

033 敢于比较

1. 宽尾煌蜂鸟，平均重 3.4 克。五美分硬币重 5 克。

2. 电影的制作费用，近 2 亿 5 千万美元。船的造价是 750 万美元。

3. 自由女神像，1886 年完成。帝国大厦是在 1931 年完成的。

4. 亚洲，1740 万平方英里。月球是 1460 万平方英里。

5. 蓝鲸，最高达 188 分贝，在 500 英里以外都能听到。手提钻的声音最高只有 100 分贝。（一般情况下只有 30 分贝）

034 哪个不是

1. 狼蛛——尽管被狼蛛咬伤很痛，但是它并不含有毒。

2. 开罐头器——开罐头器是 1870 年，罐头发明以后 50 年左右发明的。轮滑鞋和钢琴都是 1710 年发明的。

3. 鸵鸟——鸵鸟原产自非洲。

4. 鱼雷——鱼雷不是以人名命名的。其他物品分别是以发明人罗伊·极可意和齐柏林伯爵命名。

5. 使用溜溜球—— 1971 年，阿波罗 14 号的两名宇航员曾经用打高尔夫球和掷标枪来测试月球的重力，但是没有人试过溜溜球。

6. 暴龙——暴龙生活在白垩纪，紧接着侏罗纪。剑龙和翼龙在这两个时期都有。

7. 椒盐卷饼——椒盐卷饼在欧洲已经有 1000 多年的历史了。而蛋筒冰激凌和热狗都起源于 19 世纪晚期密苏里州的圣路易斯。

8. 内华达州——内华达州没有职业体协运动队（截至 2006 年）。俄勒冈州篮球有波特兰开拓者队，北卡罗来纳州篮球有夏洛特山猫队，橄榄球有卡罗来纳黑豹队，冰球有卡罗来纳飓风队。

035 数字错误

1. 太低：32 英尺 9.5 英寸
2. 太高：50 个词
3. 太低：1321 个地球
4. 太高：26 个奥斯卡奖项
5. 太高：12 个字母
6. 太低：205 天
7. 太低：100 分

○ 推理力

001 数列对应

B。

002 分蛋糕

你所要做的是把周长分成相等的5份（或“n”份，这个“n”是你所要得到的蛋糕块数）。

然后从中心按照一般切法把蛋糕切开。

诺曼·尼尔森和佛瑞斯特·菲舍在1973年提供了证明，证明如下。

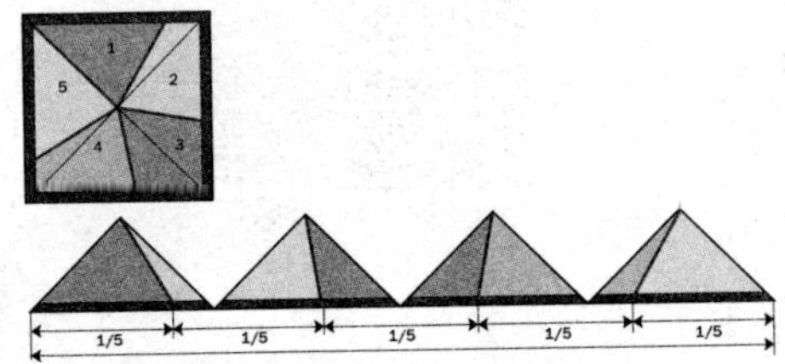

003 发现规律

B。每个小方框里的箭头每次逆时针旋转90°。

004 箭头的方向

空格中的箭头应该朝西。排列的顺序是：西、南、东、北、北。在第1列，此顺序由上而下排列；第2列，由下而上排列；第3列，再次由上而下排列，往后依此类推。

005 正确的选项

C。数字排列的规则是：每行第1个和第2个数字之积构成该行最后2个数字；第3个和第4个数字之积构成该行第6个和第7个数字；第6个和第7个数字构成的两位数与第8个和第9个数字构成的两位数的差等于该行第5个数字。

006 数独

2	8	9	7	5	1	6	4	3
6	5	1	4	9	3	8	2	7
7	3	4	8	2	6	1	9	5
9	4	5	6	3	8	2	7	1
1	2	6	5	7	9	4	3	8
3	7	8	2	1	4	5	6	9
8	1	7	9	6	2	3	5	4
4	9	2	3	8	5	7	1	6
5	6	3	1	4	7	9	8	2

007 字母九宫格（1）

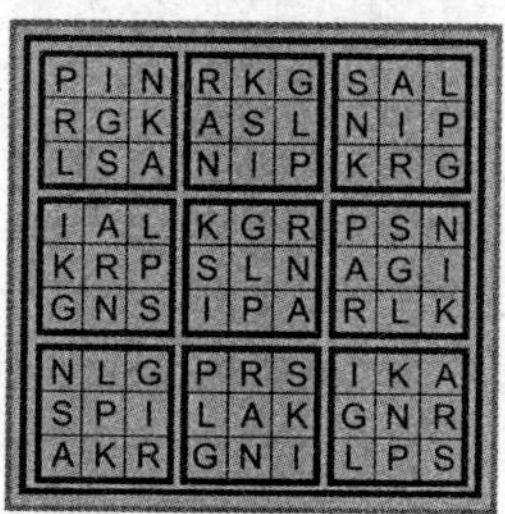

P	I	N	R	K	G	S	A	L
R	G	K	A	S	L	N	I	P
L	S	A	N	I	P	K	R	G
I	A	L	K	G	R	P	S	N
K	R	P	S	L	N	A	G	I
G	N	S	I	P	A	R	L	K
N	L	G	P	R	S	I	K	A
S	P	I	L	A	K	G	N	R
A	K	R	G	N	I	L	P	S

008 字母九宫格（2）

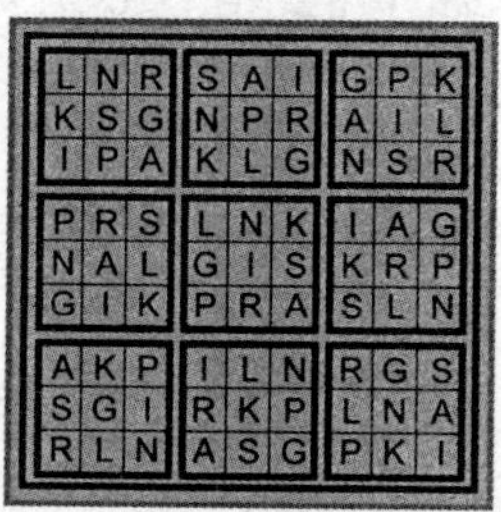

L	N	R	S	A	I	G	P	K
K	S	G	N	P	R	A	I	L
I	P	A	K	L	G	N	S	R
P	R	S	L	N	K	I	A	G
N	A	L	G	I	S	K	R	P
G	I	K	P	R	A	S	L	N
A	K	P	I	L	N	R	G	S
S	G	I	R	K	P	L	N	A
R	L	N	A	S	G	P	K	I

009 字母九宫格（3）

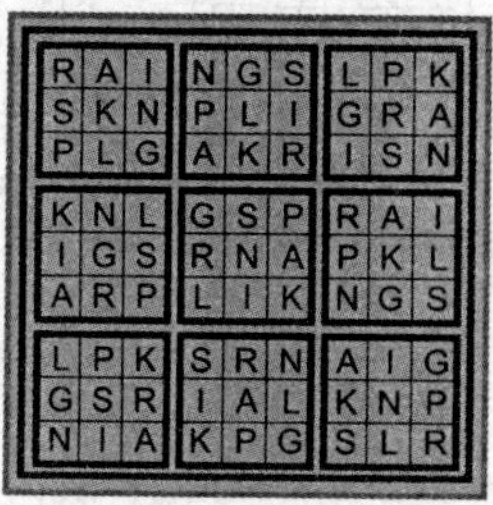

R	A	I	N	G	S	L	P	K
S	K	N	P	L	I	G	R	A
P	L	G	A	K	R	I	S	N
K	N	L	G	S	P	R	A	I
I	G	S	R	N	A	P	K	L
A	R	P	L	I	K	N	G	S
L	P	K	S	R	N	A	I	G
G	S	R	I	A	L	K	N	P
N	I	A	K	P	G	S	L	R

010 折叠

E。

011 扑克牌（1）

黑桃3。把图形垂直分成两半，在每半部分中，以蛇形和梯子形进行，以左上角的牌为起点向右移动，然后下移1行向左移动，最后移到右边。左半部分牌的数值以3和4为单位交替增加，右半部分牌的数值以4和5为单位交替增加。下面让我们再来计算花色吧，仍然以蛇形和梯子形进行，从整个图形的左上角开始向下移动，然后右移1格从下向上进行，依此类推。这些牌的花色按这样的顺序排列，从红桃开始，然后是梅花、方片和黑桃。

012 扑克牌（2）

梅花9。把红色扑克牌看成是正数，把黑色扑克牌看成是负数。在图中每列扑克牌中，最下面一张牌等于上面两张牌数值的和。每列牌的花色交替重复。

013 逻辑数值

1009315742。表格第1行红色方格前面的黄色方格个数对应数列的第1个数，第2行红色方格后面的黄色方格个数对应数列的第2个数；第3行要计算红色方格前面黄色方格的数量；第4行则要计算红色方格后面黄色方格的数量，往后依此类推。

014 组合瓷砖

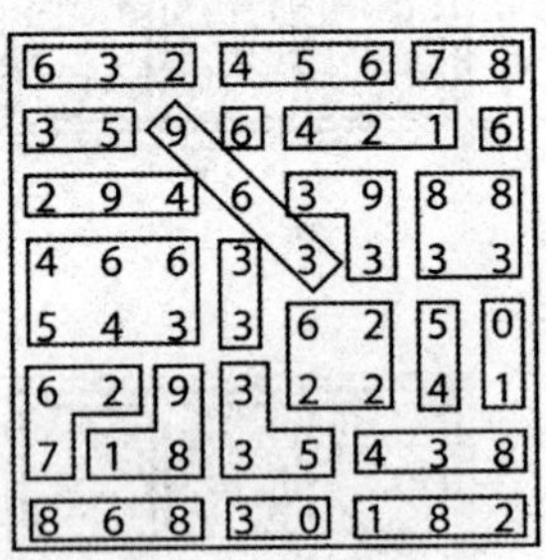

015 帕斯卡定理

我们必须记住的是水压所产生的巨大力量是以距离为代价的。

因此，大活塞每活动 1 个单位距离，那么小活塞应该要活动 7 个单位距离。

加在小汽缸上的压力应该是 7 个单位，那么这个压力能够举起的重量应该是 49，也就是 7 倍。

016 画符号

从左向右横向进行，把前 2 个图形叠加在一起，就可以得到第 3 个图形。

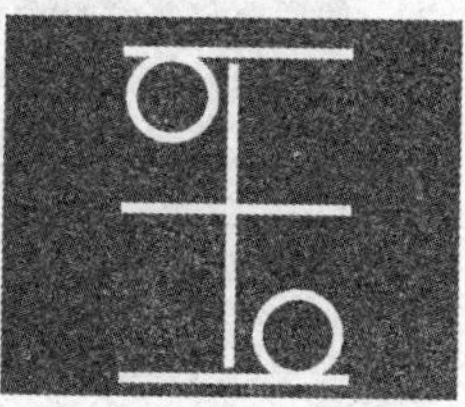

017 柜子里的秘密

密码是 CREATIVITY。

018 连续八边形

B。正方形按照顺时针方向每步移动 2 个部分，圆圈按照逆时针方向每步移动 3 个部分，同时，三角形在 2 个相对应的部分交替移动。

019 洪水警告

不正确，随着水平面上升，指示标指向“干旱”。

020 字母游戏

字母 B。字母按照字母表的顺序排列，但中间跳过了 1 个字母。顺序是从左上角方框开始往下，然后从第 2 列的底部往上，再从第 3 列的顶部往下，最后从第 4 列的底部往上。

021 下一幅

A。大图形每次顺时针旋转 90°，小图形每次顺时针旋转 120°。

022 归位

D。每个多米诺骨牌数字（包括空白）在每行、每列中出现 1 次。

023 填充空格

横向进行，把左右两边的图形添加在一起，就可以得到中间的图形。缺失部分如图所示。

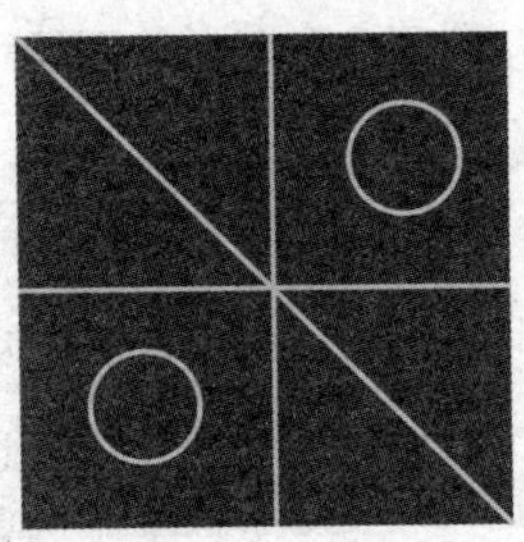

024 树形序列

48。这6个数字都可以用于飞镖记分。60（20的3倍），57（19的3倍），54（18的3倍），51（17的3倍），50（靶心）及48（16的3倍）。

025 下一个

1535。这是一个 24 小时钟表显示的时间，每步向前走 75 分钟。

026 铅笔游戏

V。这种排列是根据字母表中字母的顺序而排定的。“拐弯之处”的字母是由指向字母的铅笔数引出的。

看一下字母 L（哪个都可以）。字母 L 前进到了字母 M。但是，字母 M 却并没有前进到字母 N，这是因为有两支指向 O 的铅笔，于是字母 M 就跳了 2 步，前进到字母 O。运用同样的原理，字母 O 前进了 3 步到了字母 R，字母 R 则前进了 4 步到了字母 V。

027 外环上的数

40。将每行、每列拐角的正方格里的数字加在一起，并将答案放在按顺时针方向旋转的下一个中间的正方格里。

028 恰当的数字（1）

4。在每个图形中，左边 2 个数字的和除以右边 2 个数字的和，就得到中间的数字。

029 恰当的数字（2）

B。顺时针读，数字等于前一个图形的边数。

030 密码

1. 每个字母有 26 种可能，每个数字有 10 种可能，那么密码的可能性有：

P=26 × 6 × 26 × 10 × 10=263 × 102=1757600 种

2. P=26 × 25 × 24 × 10 × 9=1 404 000 种

3. P=1 × 25 × 24 × 10 × 9=54000 种

031 逻辑数字

1. 28　(× 3)+1
2. 6　(−5) × 2
3. 11　(× 2)+7
4. 22　(× 2)−2
5. 13　(÷ 2)+6
6. 17　(−7) ÷ 2
7. 20　(−4) × 2
8. 20　原数的平方 +4
9. 8　将原数开方 +3
10. 4　原数的平方 −5
11. 80　(+8) × 5
12. 36　(−11) × 4
13. 62　(× 6)+8
14. 71　(× 4)−13
15. 13　(÷ 4)+3
16. 19　(÷ 5)−3

17. 36　(−13)×6

18. 162　(+3)×9

19. 361　+2，再平方

20. 6　−4，再开方

032 恰当的符号

F。

033 解开难题

4。将第 1 条斜线上的 3 个数字每个都加 5，得到的结果为第 2 条斜线上对应的数字，再将第 2 条斜线上的数字每个都减 4，即得到第 3 条斜线上的数字。

034 最后的正方形

2。在每个正方形中，外面三个角上的数字之和除以中间角上的数字，所得结果都是 6。

035 数字盘

72。将数字盘上半部分中的数字乘以一个特定的数，得到的积放入对应的下半部分的位置。第 1 个数字盘中乘以的特定数字为 3，第 2 个为 6，第 3 个为 9。

036 图形推理

1 个全满的圆。观察三角形顶角，从前 1 个到后 1 个，刚好增加 1/4 份。同样道理，比较各个三角形的下角，从前 1 个到后 1 个，也是刚好增加 1/4 份，全满后又重新开始。

037 缺少的数字

1。把每排数字当成 1 个三位数，从上到下分别是 17，18，19 的平方数。

038 环形图

7。内环每个部分的数字都等于对面位置上外面的 2 个数字之和。

039 滑轮方向

按顺时针方向旋转。

040 填入数字

17358。所有奇数加 1；所有偶数减 1。

041 轮形图

7。把每个部分外边的 2 个数字相加，再把得到的结果写在对面的中心位置上。

042 城镇

1. F
2. B
3. E
4. F
5. C

043 空缺图形

在每行中，从左边的圆圈开始，沿着顺时针方向增加 1/4，即得到下一个图形，圆圈的颜色互相颠倒。

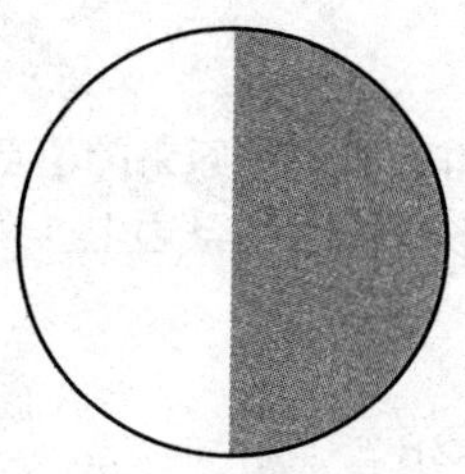

044 数字与脸型

2。表情代表的是数字，根据其内部含有的或者周边增加的元素而计（不包括头本身）。将顶部代表的数字与右下角代表的数字相乘，除以左下角代表的数字，便得到中间的数字。

045 青蛙序列

66。从左向右计算，把前一个数字乘以 2，再减去 2，就得到下一个数字。

046 数字难题

2。在每个图形中，中间的数字等于左右两边的数字之和减去上下 2 个数字之和。

047 数字与图形（1）

3。这里有 4 个面，其中的数字显示的是所叠加在一起的面的数量。

048 数字与图形（2）

2。其中的数字等于叠加在一起的面的数量。

049 曲线加法

A。

050 数学公式

C。三角形中间的数字为顶上各数平方数的和。

051 对应的数字盘

F。奇数的个位和十位数字交换位置，其他不变。

052 下一个图形

D。没有点的三角形保持在原来的位置，有点的三角形顺时针旋转，落到不动的 2 个三角形最近的 1 条边上。

053 按键（1）

第 5 行第 3 列的 2R。

054 按键（2）

第 2 行第 2 列的 1D。

055 数值

8。各个方格都是按照从 1~9 的顺序排列的，从左上角的方格开始依次按照由左至右、由右至左、再由左至右的方向排列。

056 序列格

问号处将出现的是三角形。谜题的方格中填满了一系列图形序列，第 1 个序列为 1 个正方形，与之相邻的第 2 个序列中包括了 1 个正方形

+1 个圆形，第 3 个序列则扩展到了包括 1 个正方形 +1 个圆形 +1 个三角形，第 4 个序列为正方形 + 圆形 + 三角形 + 三角形，依此类推，第 6 个序列是正方形 + 圆形 + 三角形 + 三角形 + 圆形 + 圆形，从而可以确定出第 7 个序列中的问号处出现的应该是三角形。

057 延续数列

D。每一列都是去掉前一列的最小值，然后将其剩下的数字颠倒排列而成的。

058 符合规律

D。秒钟数朝前走 30，朝后走 15，交替变化。分钟数朝后走 10，朝前走 5，交替变化。时钟数朝前走 2，朝后走 1，交替变化。

059 逻辑表格

4，8。计算的规则是：（A×B）-（C×D）= EF。

060 数字箭头

14。计算的规则是：每一行左边的数字与 3 的商再加上 4 等于中间的数字；再将中间的数字重复上面的计算步骤，结果便是该行右边的数字。那么，问号处的数字计算如下：

$$78 \div 3 = 26;$$
$$26 + 4 = 30;$$
$$30 \div 3 = 10;$$
$$10 + 4 = 14。$$

061 规律移动（1）

A。

062 规律移动（2）

B。

063 神奇的规律

27。第 1 个盘中的数字的平方数放入第 2 个盘中相应的位置，第 1

个盘中的数字的立方数放入第 3 个盘中相应的位置。

064 插入数字块

D。

065 字母六角星

R。每个字母代表其在字母表中的序列数，乘以 2 所得的积填入相对的三角形中。

I（9）×2=18（R）。

066 十字补白

C。从左上角开始并按照顺时针方向、以螺旋形向中心移动。7 个不同的符号每次按照相同的顺序重复。

067 半圆图标

A。

068 红绿灯

B。从上到下，交通灯的颜色依次是红色、黄色和绿色。它们的变化情况如下：红色和黄色一起变成绿色，然后是黄色，再次是红色。当黄灯亮的时候，接下来应该是红灯亮。

069 滚动的色子

3。

070 放置标志

☆ = 1　▲ = 6

⬡ = 3　◊ = 4

071 实验

燃烧需要氧气，没有氧气就不能燃烧。当蜡烛燃烧用完玻璃瓶中的氧气时，蜡烛就会熄灭，这时玻璃瓶里的水位会上升，以填充被用尽的氧气的空间。

072 拖拉机

84。将 A 的小时数乘以 B 的分钟数，得到 C 的吨数；然后将 B 的小时数乘以 C 的分钟数，得到 D 的吨数……E 的小时数乘以 A 的分钟数，得到 B 的吨数。

○ 分析力

001 男孩女孩

002 数字狭条

缺失的是：

4	7	8	15

1	4	14	15	1	3	5	12	14	14	4	7	11	12	3	13	2
12	13	4	5	6	10	16	3	5	7	2	16	9	7	6	8	10
11	8	1	14	12	16	5	2	11	9	1	7	12	14	10	3	7
10	9	13	2	15	5	6	16	7	4	2	9	11	12	15	10	15
13	6	3	15	8	9	2	3	2	6	3	3	7	8	16	4	1
7	11	7	4	16	8	6	8	5	7	6	13	16	1	4	7	6
8	9	9	2	5	12	15	9	13	10	11	12	1	13	8	10	11
6	8	15	16	6	10	2	14	14	11	14	1	10	9	14	13	16
2	8	11	13	4	11	7	1	15	4	2	1	3	2	6	11	15
6	7	9	12	9	15	3	14	2	6	7	5	9	5	7	9	13
3	7	11	13	10	1	16	10	7	9	11	13	10	1	3	14	16
3	7	10	14	11	2	8	10	14	15	14	15	12	5	8	9	12
3	4	14	2	5	6	10	13	4	3	4	7	2	6	12	14	5
8	13	6	7	2	3	13	16	5	6	11	8	13	9	11	1	8
11	9	10	12	3	5	11	15	11	12	6	9	14	6	13	1	10
12	8	4	13	1	2	15	16	14	13	13	10	5	6	9	14	11
4	16	12	2	12	4	8	1	14	3	13	4	5	5	6	8	15
3	4	11	16	5	12	1	16	4	15	12	3	7	2	4	13	15
12	11	1	10	1	8	10	9	10	5	4	15	8	5	7	10	12
16	3	9	6	16	10	15	8	6	11	5	12	14	4	5	9	16

003 移动的数字

下列答案中 n 指前一个数：

1. 122　（n+3）×2
2. 132　（n−7）×3
3. 19　2n−3

004 合适的长方形

E。每行每列长方形都包含 6 个红点和 5 个黄点。

005 数字板游戏

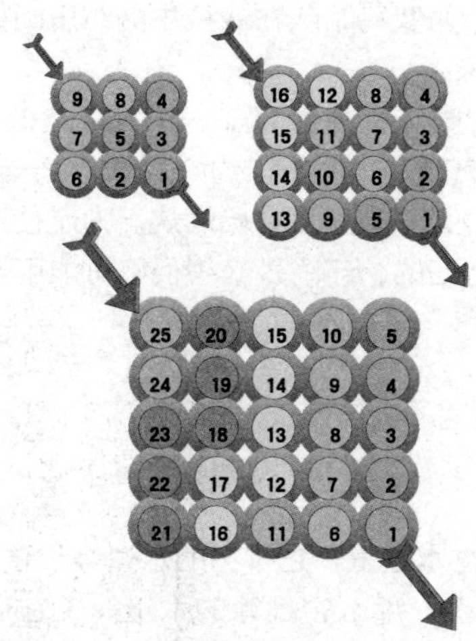

006 液体天平

浸在水里的物体的浮力等于它所排出的水的重量。

你可能想说结果应该是在天平右端原来的重物基础上再加上与左端容器里重物承受的浮力相等的重量，然而真的是这么简单吗？

根据牛顿定律，作用力与反作用力相等。那么容器里的水对重物的浮力就等于重物对水的反作用力。

因此，天平右端的重量减少时，天平左端的重量相应增加。

所以要达到平衡，天平右端需要加上 2W 的重量，W 等于重物在左端容器里排出的水的重量。

007 阿基米德的镜子

尽管许多科学家和历史学家都对这个故事着迷，但是他们都判定这是个不可能实现的功绩。不过有几个科学家曾试图证明阿基米德的确能使罗马船舰突然冒出火苗。这些科学家的假设是，阿基米德用的肯定不是巨型镜子，而是用非常多的小反射物制造出一面大镜子，这些小反射物可能是磨得非常光亮的金属片（也许是叙拉古战士的盾牌）。

阿基米德所做的是不是仅仅让他的士兵们举着盾牌排成一行，将太阳光聚焦到罗马船只上呢？

1747 年法国物理学家布丰做了一个实验。他用 168 面普通的长方形平面镜成功地将 330 英尺（约 100 米）以外的木头点燃。似乎阿基米德也能做到这一点，因为罗马船队在叙拉古港湾里距离岸边肯定不会超过大约 65 英尺（约 20 米）。

1973 年一位希腊工程师重复了一个与之类似的实验。他用 70 面镜子将太阳光聚集到离岸 260 英尺（约 80 米）的一艘划艇上。镜子准确瞄准目标后的几秒钟内，这艘划艇开始燃烧。为了使这个实验成功，这些镜子的镜面必须是有点凹的，而阿基米德很有可能用的就是这种镜子。

008 篱笆周长

B。Billy 那块地的篱笆最长。

009 落水的铅球

如果球直接掉进水池里，它排出的水量等于它本身的体积。

如果球落到船上，那么它排除的水量等于它自身的重量（阿基米德定律）。由于铅球的密度比水的密度大，因此落到船上所排出的水的体积要更大。

010 升旗与降旗

旗子会上升。

011 不一样的时间

B。其他时刻都可在数字表的表面上显示出来。

012 火柴光

可以，抽烟斗的人能看到经过镜墙反射出来的火柴光。

013 地板

B。

在每行中，交叉点向下移动。在每列中，交叉点向右移动。

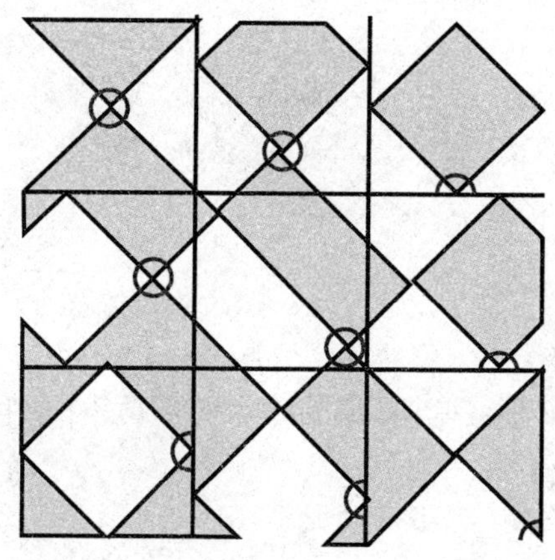

014 蛋卷冰激凌

一共有 3 种颜色需要排序，那么就是 3 的阶乘，也就是一共有 6 种排序方法，因此冰激凌的口味正好是你最喜欢的顺序的概率应该是 1/6。

015 图形转换

拓扑学的基本观点包括很多我们在儿童时代就非常熟悉的概念：内侧和外侧、右边和左边、连接、打结、相连和不相连。

很多拓扑学问题都是建立在拓扑变形的基础之上的，也就是说改变图形的表面，但是不能使表面断开。如果两个图形能够通过拓扑变形得到对方，我们就说这两个图形是拓扑等价的。例如，球体和立方体是拓扑等价的；同样，数字 8 和字母 B 也是拓扑等价的，因为它们中间都有两个圈。

拓扑学的基本问题就是把拓扑等价的图形归在一起。

016 保持平衡

放入 1 个四边形。4 个四边形 =3 个向右箭头 =6 个向上箭头。

017 圣诞节风铃

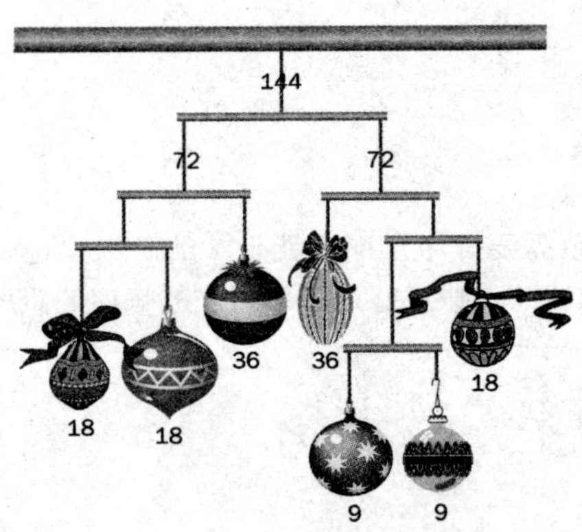

018 双色珠子串

二连珠可能有 4 种：红－红；红－蓝；蓝－蓝；蓝－红。

没有重复的二连珠的珠子串最长含 5 颗珠子：

三连珠可能有 8 种；没有重复的三连珠的珠子串最长含 10 颗珠子：

019 发射炮弹

沿着地平线发射的炮弹将最先落地，然后是与地平线成 45° 角发射的炮弹，最后是与地平线成 90° 角的炮弹。

020 最近距离

如图所示，对于房子总数为偶数的情况，到所有的房子距离最近的点应该在最中间的两栋房子的中心。

而对于房子总数为奇数的情况，到所有房子距离最近的点应该是最中间的那栋房子。

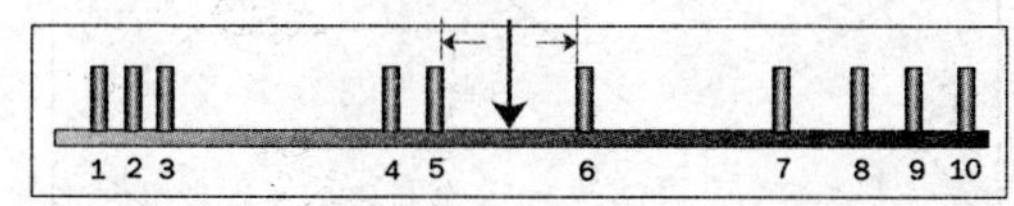

021 左撇子，右撇子

N 是既是左撇子同时也是右撇子的学生数。

7N 的人是左撇子，9N 的人是右撇子。

那么 N+6N+8N=15N 即全班的学生数。

而右撇子在学生总数中所占的比例是 9N/15N，即 3/5，超过班上一半的人数。

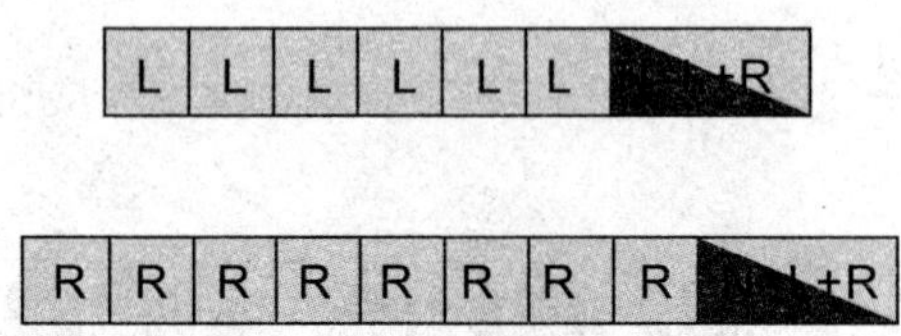

022 桌球

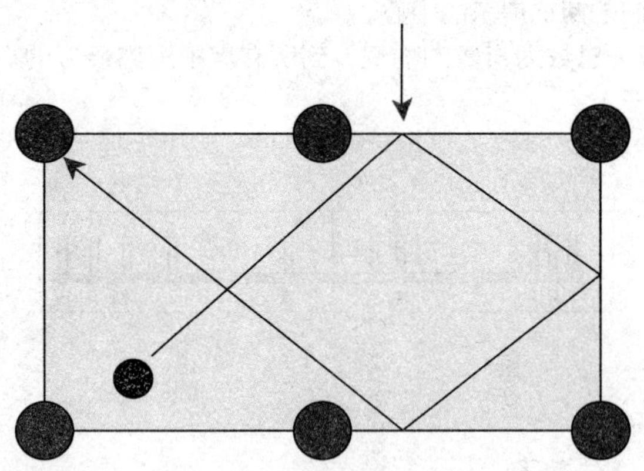

023 面积关系

红色面积最大（19 个单位面积），其次是绿色部分（18 个单位面积），而蓝色部分的面积是 17 个单位。

这道题是建立在意大利数学家卡瓦列里（1598-1647）的理论基础上的，即等底等高的三角形面积相同。

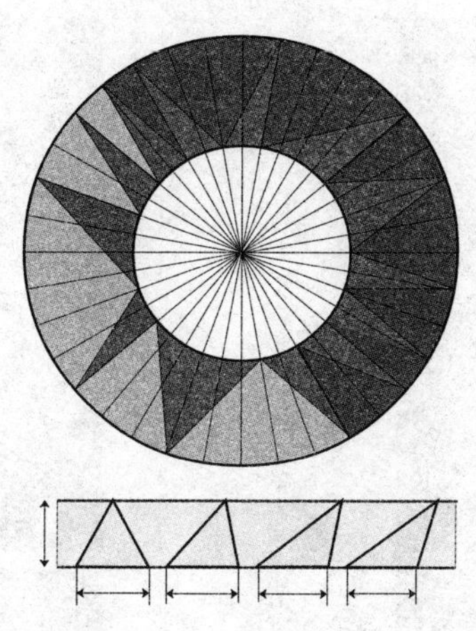

024 海市蜃楼之碗

顶部所显示的景象是由 2 次反射产生的，如下图所示。

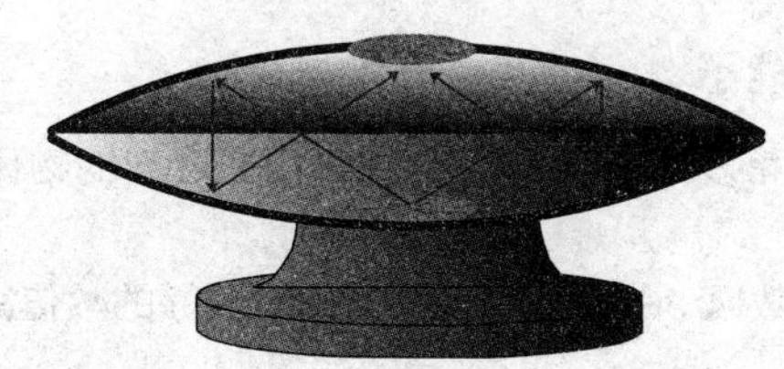

025 F在哪里

F 应该在 5 的位置上。1 = B 或 D，2 = A，3 = E，4 = C，5 = F，6 = B 或 D。

026 过桥

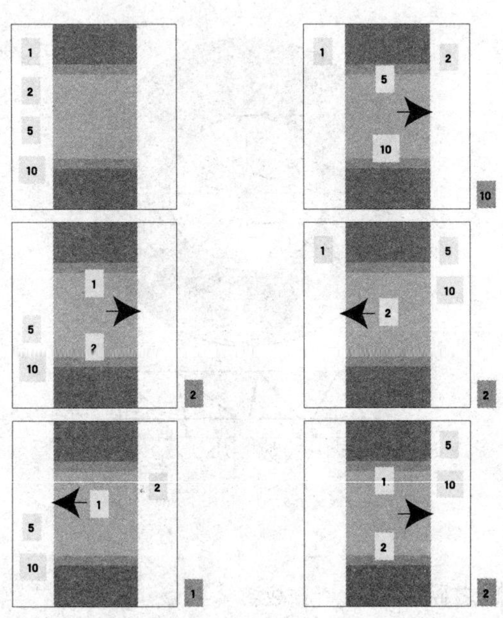

027 成角度的镜子

当镜子之间角度减小时，放在两面镜子之间的物体的多重镜像的数目将会增加。

每次夹角度数以 360/N (N=2,3,4,5，…) 的数值减少时，镜像数目会对应增加。

因此，镜像数是两镜夹角度数的一个函数：

夹角度数：120°，90°，72°，60°，51.4°

镜像数：3°　，　4°　，5°　，6°　，　7°

理论上，当夹角接近零时，镜像数将变为无穷。当你站在两面平行镜之间或者看一面无穷大的镜子时，你就会看到这种效果。但实际上，能看到的只有有限的镜像数，因为随着每次反射，镜像将逐渐变得微弱。

028 乘客的方向

2。乘客行走的方向用平行四边形图示如下：

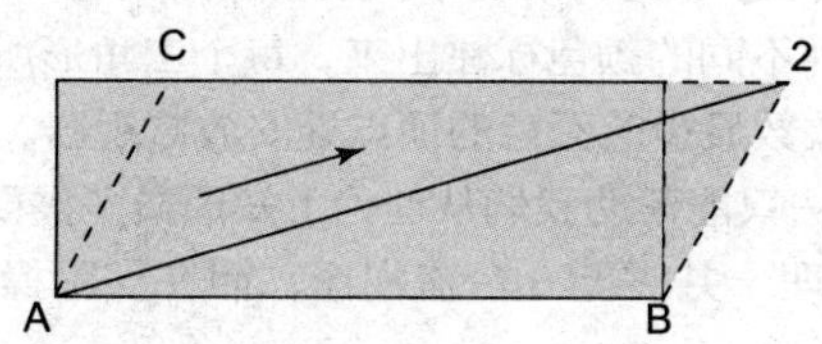

029 恰当的字母

K。在每一行中，左右两边的数字相乘，所得结果等于中间 3 个字母的顺序值相加。

030 齿轮

由于 A 齿轮和 D 齿轮上齿的数目都相同，因此它们会以同样的速度旋转。C 齿轮并不会影响轮齿通过的速度，它只是把 B 齿轮上轮齿的动作传送到了 D 齿轮之上。

031 路线

1. 路线为：17–19–22–24–28–20，总值为 130。

2. 路线为：17–19–22–28–25–20，总值为 131；17–23–22–24–25–20，总值为 131。

3. 路线为：17–24–26–28–25–20，最大值是 140。

4. 路线为：17–19–22–24–25–20，最小值是 127。

5. 一共有 2 种方式：17–24–26–24–25–20；17–23–22–26–28–20。

032 最短接线长度

下面的图已经画出了从 B 到 A 点的接线法，一共需要用去 233 厘米的电线。

033 监视器

有人认为可以用下面的定理来解决这个美术馆的问题。

如图所示，将这个美术馆的平面图分成若干个三角形，每个三角形的顶点分别用 3 种不同的颜色标注出来，每个三角形所用的 3 种颜色都相同。最后在出现次数最少的颜色的顶点处安放监视器。

但是这个办法只能帮助我们从理论上知道最多需要放多少台监视器。

按照这一定理一共需要 6 台监视器，而在实际操作中只需要 4 台就够了。

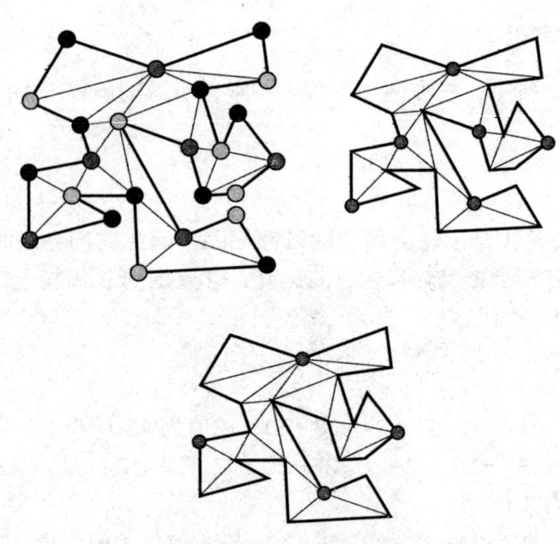

034 欧几里得平面

如图将三角形的 3 个角分别向内折，中间形成 1 个长方形，这样 A，B，C3 个角加起来正好是 1 个平角，也就是相加之和等于 180°。

除了欧几里得平面，还存在球面和双曲平面，在球面上的三角形 3 个内角之和大于 180°，而在双曲平面上的三角形内角和则小于 180°。

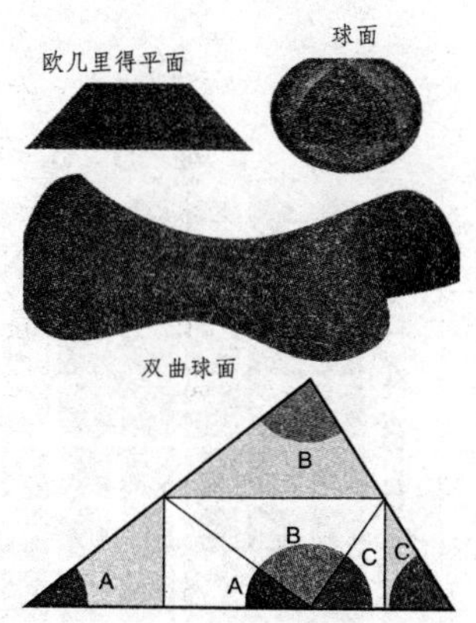

035 转移

C。

036 角度

两条对角线之间的度数是 60°。如果将第 3 个面的对角线—— BC 连接起来，那么，就可以构成等边三角形 ABC。因为同是立方体对角线，所以它们的长度都相等。由于是等边三角形，所以每个角的度数都是 60°。

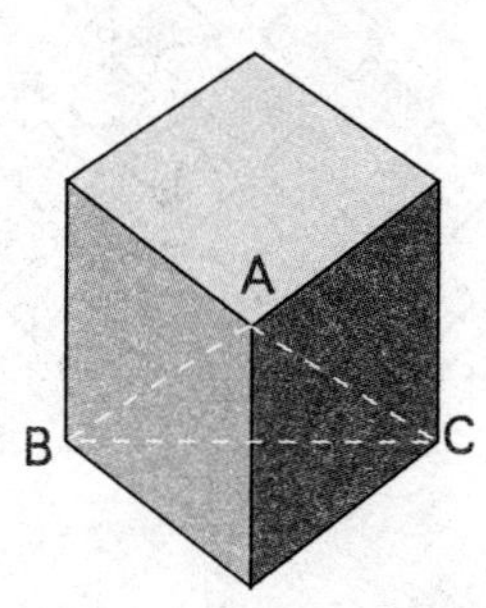

037 指针相遇

1点9分9秒。

038 约会地点

这个地方是5号路与4号街的交叉点。

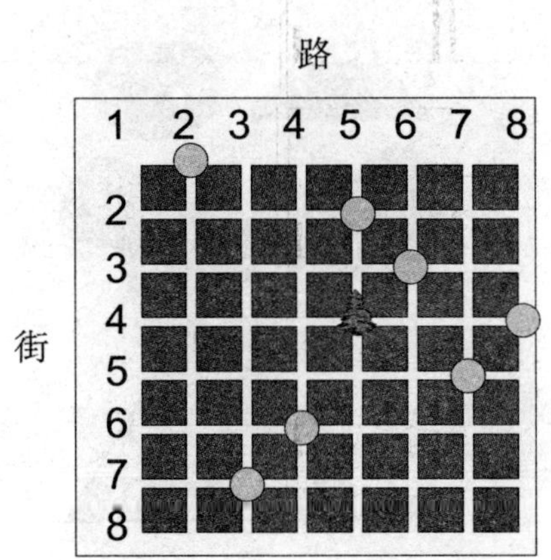

039 从A到B

一共有252种路线。下图中的数字表示所有可能的路线经过该数字所在交叉点的累积次数。

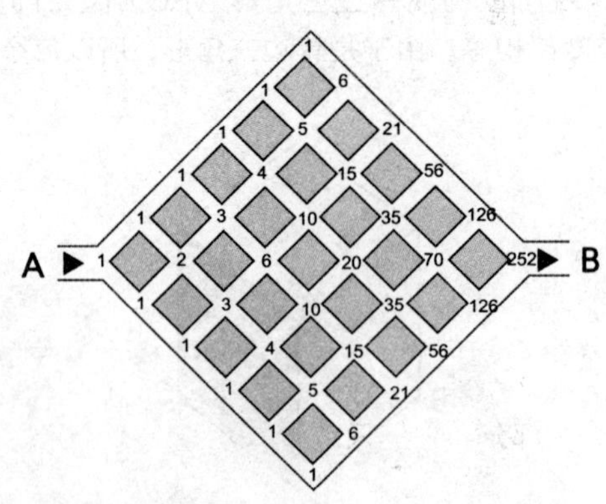

040 倒酒

倒 6 次即可解决问题，有 4 种不同方法，其中一种解法如下图所示。

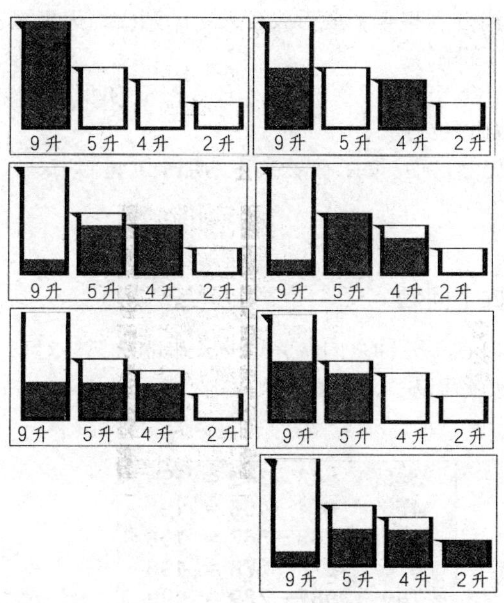

041 平分红酒

倒 8 次即可解决问题。其中一种解法如下图所示。

042 接通电路

B。

043 8个金币

把 8 个金币分成 2 个部分，一部分 6 个金币，一部分 2 个。不管假币在哪一部分，我们只用 2 步就可以把它找出来：

先将第 1 部分的金币一边 3 个分别放在天平的左右两边。如果天平是平衡的，那么假币一定在剩下的 2 个中。

再将剩下的2个金币分别放在天平的两端，翘起的那一端的金币较轻，这个就是假币。

如果第 1 步分别将 3 个金币放在天平的两端，天平是不平衡的，那么假币在翘起的那端。

再取这3个金币中的任意2个分别放在天平的两端，如果天平不平衡，那么轻的那一端放的就是假币。

如果天平仍然是平衡的，那么剩下的那个就是假币。

044 阿拉伯数字问题

也许你可以在 1 分钟之内做完这一长串的计算。对于任何的这类四位数只要算 1 次就可以了，如图所示。

345	543 − 345 = 198
456	654 − 456 = 198
567	765 − 567 = 198
678	876 − 678 = 198
789	987 − 789 = 198
1234	4321 − 1234 = 3087
2345	5432 − 2345 = 3087
3456	6543 − 3456 = 3087
4567	7654 − 4567 = 3087
5678	8765 − 5678 = 3087
6789	9876 − 6789 = 3087

045 几何级数

无论 n 如何增大，级数和都不会达到 2，也就是说这个级数和的极限是 2。

046 微型相机

正确的顺序是：2，6，1，5，3，4。

图书在版编目（CIP）数据

左脑训练开发 / 李昕编. — 北京 : 中国华侨出版社, 2018.5

（大脑使用书 / 侯海博主编）

ISBN 978-7-5113-7651-0

Ⅰ. ①左… Ⅱ. ①李… Ⅲ. ①智力游戏 Ⅳ. ①G898.2

中国版本图书馆CIP数据核字(2018)第062678号

左脑训练开发

编　　者：李　昕
出 版 人：刘凤珍
责任编辑：紫　夜
封面设计：冬　凡
文字编辑：聂尊阳
美术编辑：郭　静
经　　销：新华书店
开　　本：880mm × 1230mm　1/32　印张：7　字数：223 千字
印　　刷：北京万友印刷有限公司
版　　次：2018 年 5 月第 1 版　2019 年 10 月第 16 次印刷
书　　号：ISBN 978-7-5113-7651-0
定　　价：128.00 元（全六册）

中国华侨出版社　北京市朝阳区静安里 26 号通成达大厦 3 层　邮编：100028
法律顾问：陈鹰律师事务所
发 行 部：（010）88893001　　传　　真：（010）62707370
网　　址：www.oveaschin.com　　E-mail：oveaschin@sina.com